Impressum

Verlag: BABADADA GmbH, Nedderfeld 112 , 22529 Hamburg

Geschäftsführer / Verlagsleitung: Harald Hof

Druck: Books on Demand GmbH, In de Tarpen 42, 22848 Norderstedt

Imprint

Publisher: BABADADA GmbH, Nedderfeld 112 , 22529 Hamburg, Germany

Managing Director / Publishing direction: Harald Hof

Print: Books on Demand GmbH, In de Tarpen 42, 22848 Norderstedt

el colegio

դպրոց

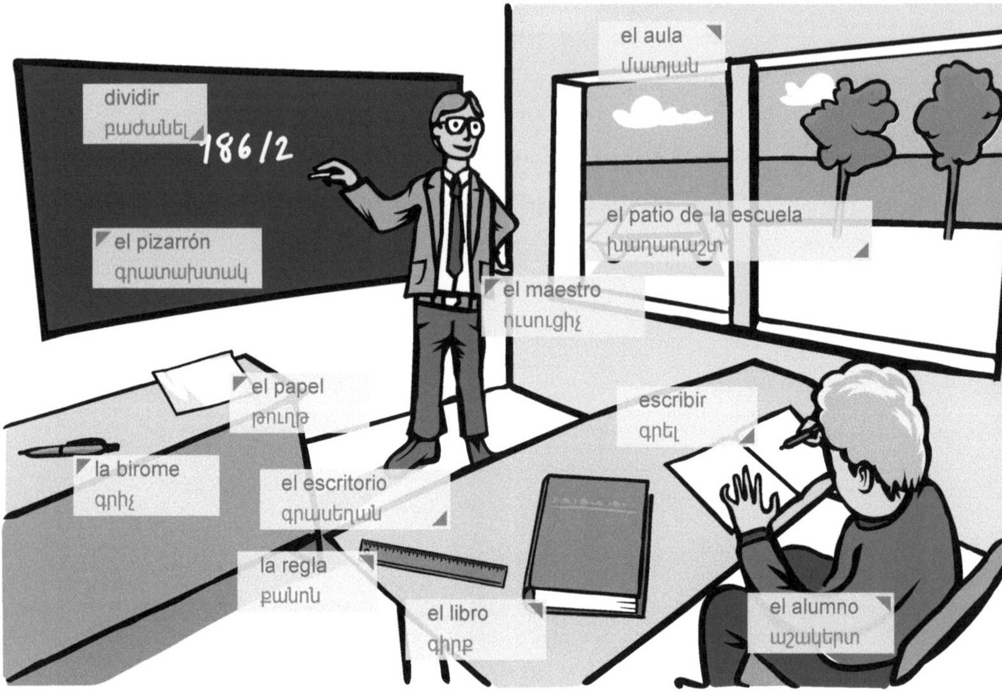

el aula
մատյան
dividir
բաժանել
186/2
el pizarrón
գրատախտակ
el patio de la escuela
խաղադաշտ
el maestro
ուսուցիչ
el papel
թուղթ
escribir
գրել
la birome
գրիչ
el escritorio
գրասեղան
la regla
քանոն
el libro
գիրք
el alumno
աշակերտ

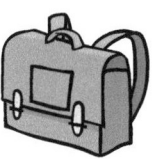

la mochila

պայուսակ

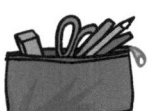

la caja de lápices

գրչատուփ

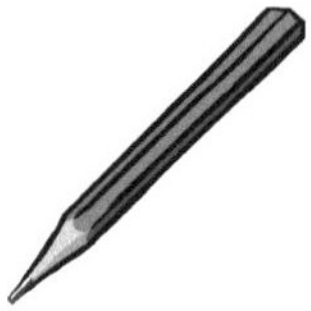

el lápiz

մատիտ

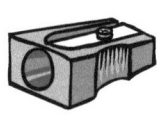

el sacapuntas

մատիտի սրիչ

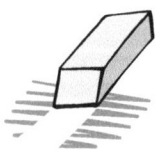

la goma (de borrar)

ռետին

el bloc de dibujo

նկարչական ալբոմ

el dibujo

նկարչություն

el pincel

վրծին

la caja de pinturas

ներկերի տուփ

la tijera

մկրատ

el pegamento

սոսինձ

el cuaderno de ejercicios

տետր

la tarea

Տնային աշխատանք

el número

թիվ

sumar

գումարել

restar

հանել

multiplicar

բազմապատկել

calcular

հաշվել

la letra

տառ

el abecedario

այբուբեն

la palabra

բառ

el texto

տեքստ

leer

կարդալ

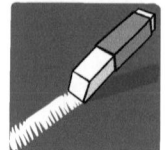

la tiza

կավիճ

la lección

դաս

el cuaderno de clase

մատյան

el examen

քննություն

el certificado

վկայական

el uniforme escolar

դպրոցական համազգեստ

la educación

կրթություն

la enciclopedia

հանրագիտարան

la universidad

համալսարան

el microscopio

մանրադիտակ

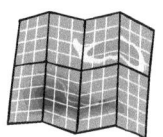

el mapa

քարտեզ

el tacho (de basura)

աղբարկղ

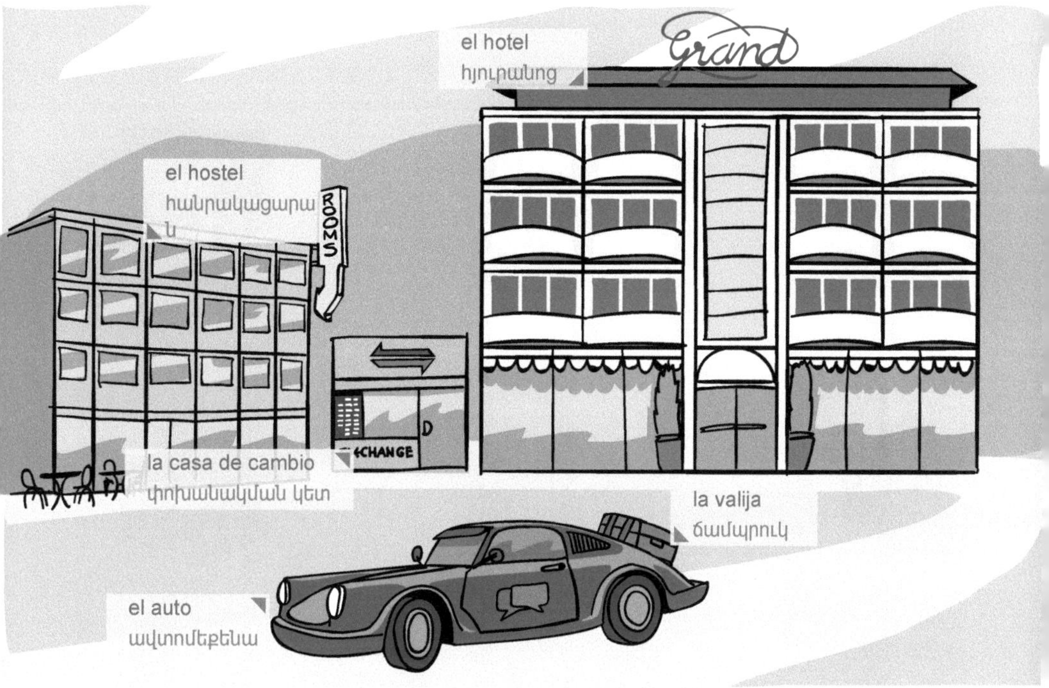

el hotel
հյուրանոց
Grand
el hostel
հանրակացարա
ն
ROOMS
la casa de cambio
փոխանակման կետ
la valija
ճամպրուկ
el auto
ավտոմեքենա

el idioma

լեզու

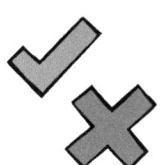

sí / no

այո / ոչ

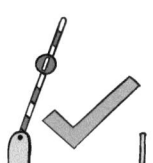

Está bien

Լավ

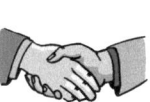

hola

ողջույն

el traductor

թարգմանիչ

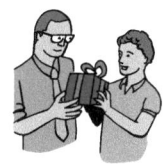

Gracias

Շնորհակալություն

¿cuánto cuesta...?

Որքա՞ն է ...?

No entiendo

Ես չեմ հասկանում

el problema

խնդիր

¡Buenas tardes!

Բարի երեկո

¡Buenos días!

Բարի լույս

¡Buenas noches!

Բարի երեկո

el adiós

ցտեսություն

la dirección

ուղղություն

el equipaje

ուղեբեռ

el bolso

պայուսակ

la mochila

մեջքի պայուսակ

el invitado

հյուր

la habitación

սենյակ

la bolsa de dormir

քնապարկ

la carpa

վրան

la información turística

Զբոսաշրջության տեղեկատվական

la playa

լողափ

la tarjeta de crédito

ԿՐԵԴԻՏ քարտ

el desayuno

նախաճաշ

el almuerzo

լանչ

la cena

ճաշ

el pasaje

տոմս

el ascensor

վերելակ

el sello

կնիք

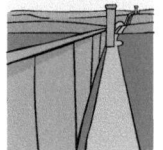

la frontera

սահման

la aduana

մաքսային

la embajada

դեսպանություն

la visa

Մուտքի արտոնագիր

el pasaporte

անձնագիր

el transporte

Փոխադրամիջոցներ

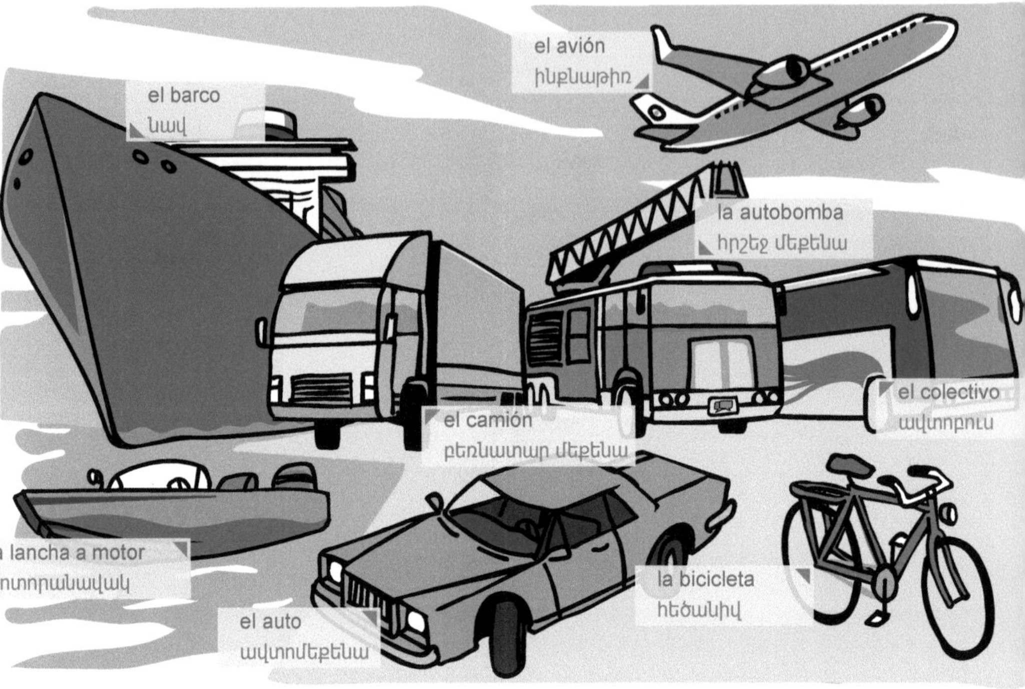
el avión
ինքնաթիռ
el barco
նավ
la autobomba
հրշեջ մեքենա
el colectivo
ավտոբուս
el camión
բեռնատար մեքենա
la lancha a motor
մոտորանավակ
la bicicleta
հեծանիվ
el auto
ավտոմեքենա

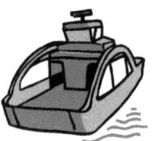

el ferry

լաստանավ

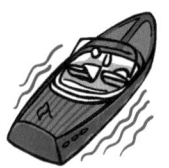

el bote

նավակ

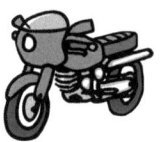

la moto

մոտոցիկլ

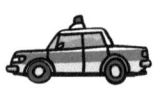

el patrullero

ոստիկանության մեքենա

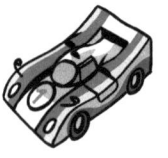

el auto de carreras

մրցարշավային մեքենա

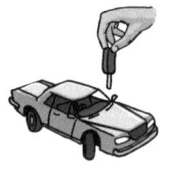

el auto de alquiler

վարձակալվող մեքենա

el alquiler de autos

մեքենայի վարձակալում

la grúa

Էվակուատոր

el camión de la basura

աղբահանության մեքենա

el motor

շարժիչ

la nafta

վառելիք

la estación de servicio

բենզալցակայան

la señal de tránsito

երթևեկության նշան

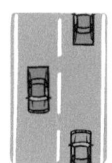

el tránsito

երթևեկություն

el embotellamiento

խցանում

el estacionamiento

ավտոկանգառ

la estación de tren

երկաթուղային կայարան

las vías

երկաթուղագիծ

el tren

գնացք

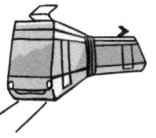

el tranvía

տրամվայ

el vagón

վագոն

el helicóptero

ուղղաթիռ

el aeropuerto

օդանավակայան

la torre

աշտարակ

el pasajero

ուղեւոր

el contenedor

աման

la caja de cartón

խավաքարտ

la carretilla

սայլ

la canasta

զամբյուղ

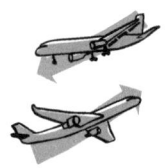

despegar / aterrizar

հանել / հողատարածք

la ciudad

քաղաք

el pueblo

գյուղ

el centro de la ciudad

քաղաքի կենտրոնում

la casa

տուն

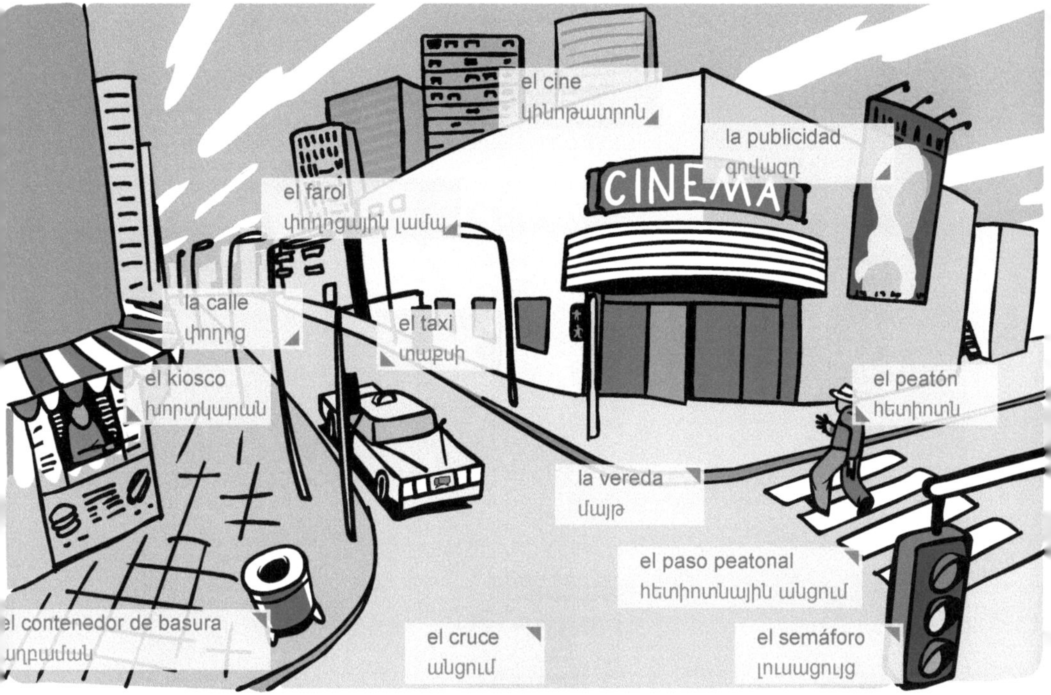

el cine
կինոթատրոն
la publicidad
գովազդ
CINEMA
el farol
փողոցային լամպ
la calle
փողոց
el taxi
տաքսի
el kiosco
խորտկարան
el peatón
հետիոտն
la vereda
մայթ
el paso peatonal
հետիոտնային անցում
el contenedor de basura
աղբաման
el cruce
անցում
el semáforo
լուսացույց

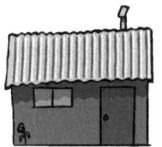

la cabaña

խրճիթ

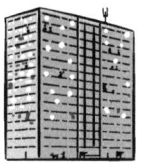

el departamento

բնակարան

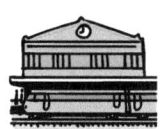

la estación de tren

երկաթուղային կայարան

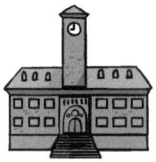

la municipalidad

քաղաքապետարան

MUSEUM

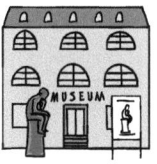

el museo

թանգարան

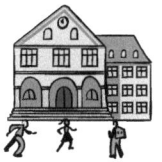

el colegio

դպրոց

la universidad

համալսարան

el banco

բանկ

el hospital

հիվանդանոց

el hotel

հյուրանոց

la farmacia

դեղատուն

la oficina

գրասենյակ

la librería

գրքույկ խանութ

el negocio

խանութ

la florería

ծաղկի խանութ

el supermercado

սուպերմարկետ

el mercado

շուկա

las grandes tiendas

հանրախանութ

la pescadería

ձկան խանութ

el centro comercial

առևտրի կենտրոն

el puerto

նավահանգիստ

la ciudad - քաղաք

el parque

գբոսայգի

el banco

բանկերը

el puente

կամուրջ

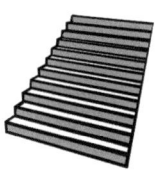

las escaleras

աստիճաններ

el subte

մետրո

el túnel

թունել

la parada del colectivo

ավտոբուսի կանգառ

el bar

բար

el restaurante

ռեստորան

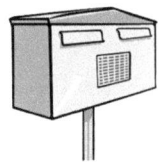

el buzón

փոստարկղ

el letrero

փողոցային նշան

el parquímetro

ավտոկայանման հաշվիչ

el zoológico

կենդանաբանական այգի

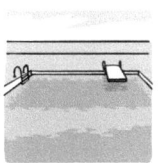

la pileta

լողավազան

la mezquita

մզկիթ

la granja

ֆերմա

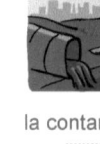

la contaminación

աղտոտման

el cementerio

գերեզմանոց

la iglesia

եկեղեցի

los juegos infantiles

խաղահրապարակ

el templo

տաճար

el paisaje
բնապատկեր

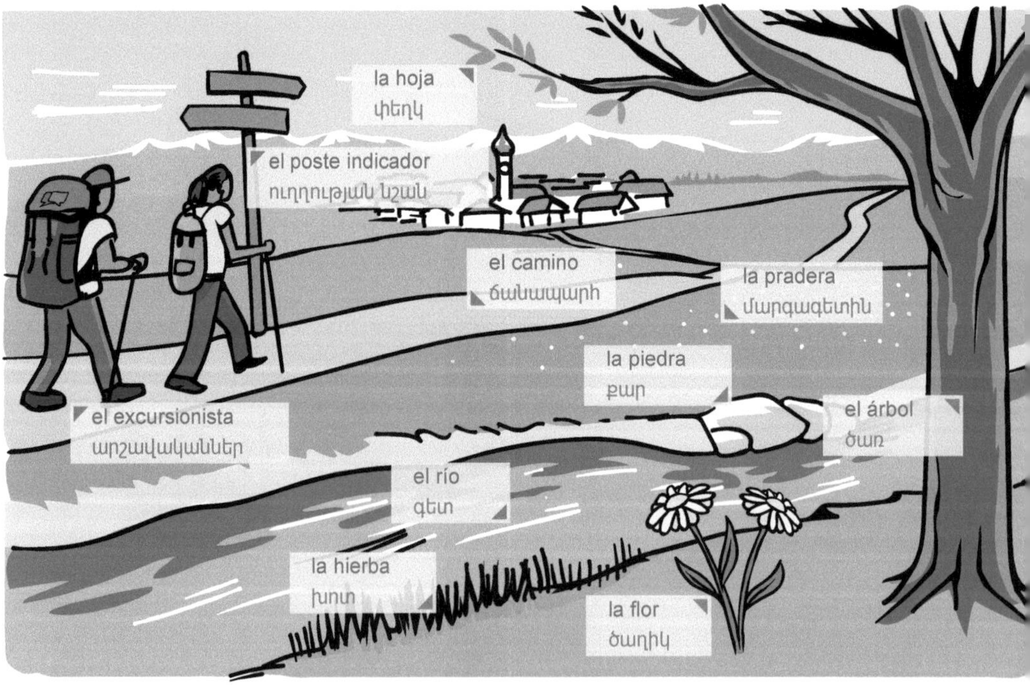

la hoja
փետղ

el poste indicador
ուղղության նշան

el camino
ճանապարհ

la pradera
մարգագետին

la piedra
քար

el excursionista
արշավականներ

el árbol
ծառ

el río
գետ

la hierba
խոտ

la flor
ծաղիկ

el valle

հովիտ

la montaña

բլուր

el lago

լիճ

el bosque

անտառ

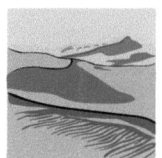

el desierto

անապատ

el volcán

հրաբուխ

el castillo

ամրոց

el arco iris

ծիածան

el champiñón

սունկ

la palmera

արմավենու ծառ

el mosquito

մժեղ

la mosca

թռչել

la hormiga

մրջյուն

la abeja

մեղու

la araña

սարդ

el escarabajo

բզեզ

la rana

գորտ

la ardilla

սկյուռ

el erizo

ոզնի

la liebre

նապաստակ

la lechuza

բու

el pájaro

թռչուն

el cisne

կարապ

el jabalí

վարազ

el ciervo

եղջերու

el alce

իշայծյամ

la presa

պատնեշ

el aerogenerador

քամին տուրբինների

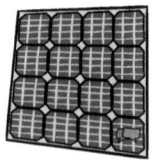

el panel solar

արեւային վահանակ

el clima

կլիմա

el restaurante
ռեստորան

el mozo
մատուցող
el menú
մենյու
la silla
աթոռ
la sopa
ապուր
la pizza
պիցցա
los cubiertos
սպասք
el mantel
սփռոց

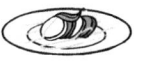

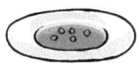

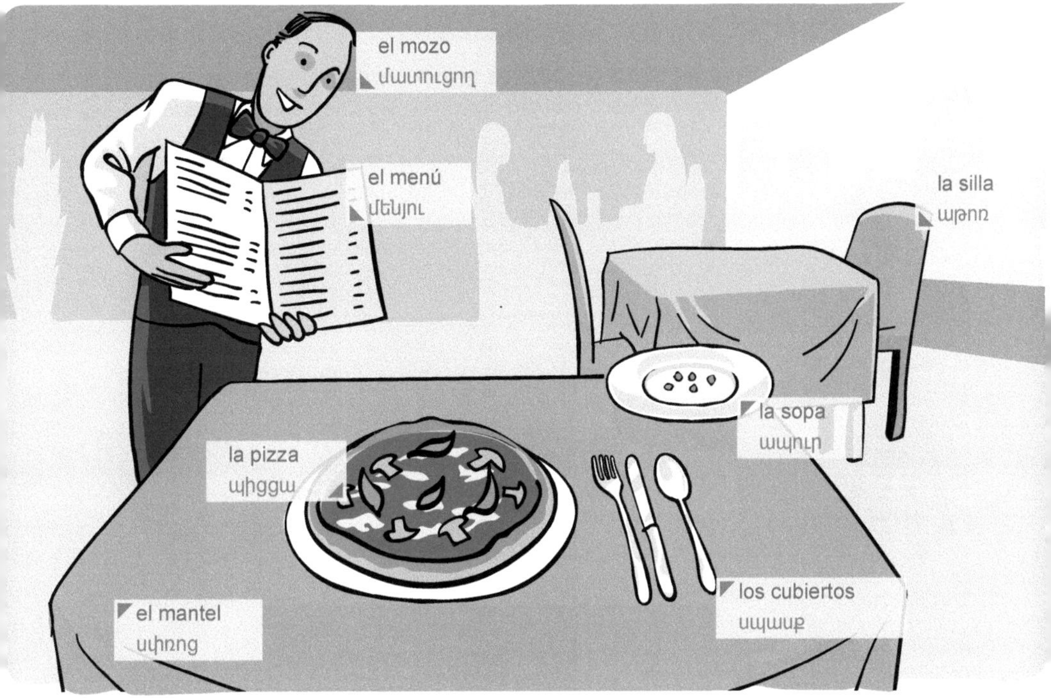

la entrada
ստարտեր

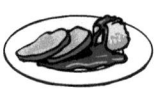

el plato principal
հիմնական կերակուր

el postre
դեսերտ

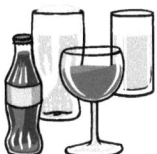

las bebidas
օրական

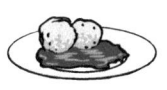

la comida
սնունդ

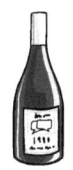

la botella
շիշ

la comida rápida

արագ սնունդ

la comida callejera

streetfood

la tetera

թեյնիկ

la azucarera

շաքարաման

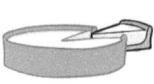

la porción

բաժին

la cafetera expreso

էսպրեսսո մեքենա

la sillita alta

մանկական աթոռ

la cuenta

օրինագիծ

la bandeja

սկուտեղ

el cuchillo

դանակ

el tenedor

պատառաքաղ

la cuchara

գդալ

la cucharita

թեյի գդալ

la servilleta

անձեռոցիկ

el vaso

ապակի

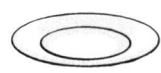

el plato

ափսե

el plato hondo

խոր ափսե

el plato

պնակ

la salsa

սոուս

el salero

աղաման

el molinillo de pimienta

պղպեղի աղաց

el vinagre

քացախ

el aceite

ձեթ

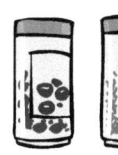

las especias

համեմունքներ

el kétchup

կետչուպ

la mostaza

մանանեխ

la mayonesa

մայոնեզ

el supermercado

սուպերմարկետ

la oferta especial
հատուկ առաջարկ
FOR
el cliente
հաճախորդ
los lácteos
Dairy
la fruta
միրգ
el changuito
գնումների սայլակ

BUTCHERS

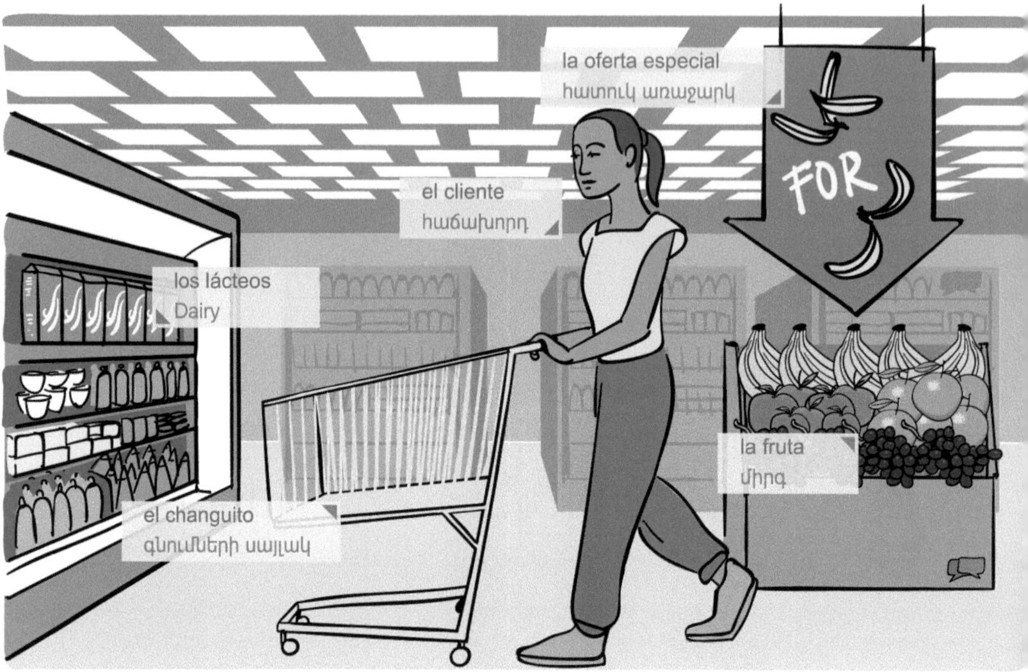

la carnicería

մսամթերքի խանութ

BAKERY

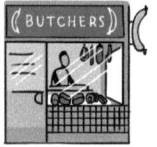

la panadería

հացամթերքի խանութ

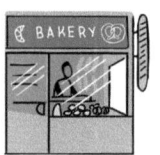

pesar

կշռել

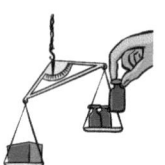

las verduras

բանջարեղեն

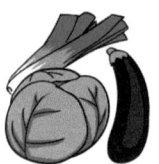

la carne

միս

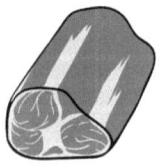

los alimentos congelados

սառեցված սննդամթերքի

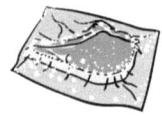

los fiambres
երշիկեղեն

los alimentos enlatados
պահածոների

el detergente en polvo
լվացքի փոշի

las golosinas
քաղցրավենիք

los electrodomésticos
տնտեսական ապրանքներ

los productos de limpieza
մաքրող միջոցներ

la vendedora
վաճառող

la caja
դրամարկղ

el cajero
գանձապահ

la lista de compras
գնումների ցուցակ

el horario de atención
ժամերը

la billetera
դրամապանակ

la tarjeta de crédito
ԿՐԵԴԻՏ քարտ

la cartera
պայուսակ

la bolsa de plástico
պլաստիկ տոպրակ

el agua

ջուր

el jugo

հյութ

la leche

կաթ

la bebida cola

կոլա

el vino

գինի

la cerveza

գարեջուր

el alcohol

սպիրտ

el cacao

կակաո

el té

թեյ

el café

սուրճ

el café expreso

էսպրեսսո

el cappuccino

կապուչինո

la banana

բանան

la manzana

խնձոր

la naranja

նարնջի

el melón

սեխ

el limón

կիտրոն

la zanahoria

գազար

el ajo

սխտոր

el bambú

բամբուկ

la cebolla

սոխ

el champiñón

սունկ

las nueces

ընկուզեղեն

los fideos

արիշտա

los tallarines

սպագետտի

el arroz

բրինձ

la ensalada

աղցան

las papas fritas

չիպս

las papas fritas

տապակած կարտոֆիլ

la pizza

պիցցա

la hamburguesa

համբուրգեր

el sándwich

սենդվիչ

el churrasco

կոտլետ

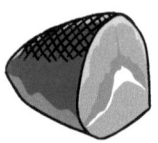

el jamón

խոզապուխտ

el salame

սալամի

la salchicha

երշիկ

el pollo

հավ

el asado

խորոված

el pescado

ձուկ

los copos de avena

վարսակի փաթիլներ

el muesli

մյուսլի

los copos de maíz

եգիպտացորենի փաթիլներ

la harina

ալյուր

la medialuna

կրուասան

el pancito

բուլկի

el pan

հաց

la tostada

տոստ

las galletitas

թխվածքաբլիթներ

la manteca

կարագ

la cuajada

կաթնաշոռ

la torta

տորթ

el huevo

ձու

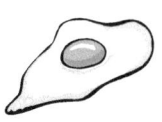

el huevo frito

տապակած ձու

el queso

պանիր

el helado

պաղպաղակ

el azúcar

շաքար

la miel

մեղր

la mermelada

ջեմ

la pasta de chocolate

նուգա սերուցք

el curry

կարրի

la granja
ֆերմա

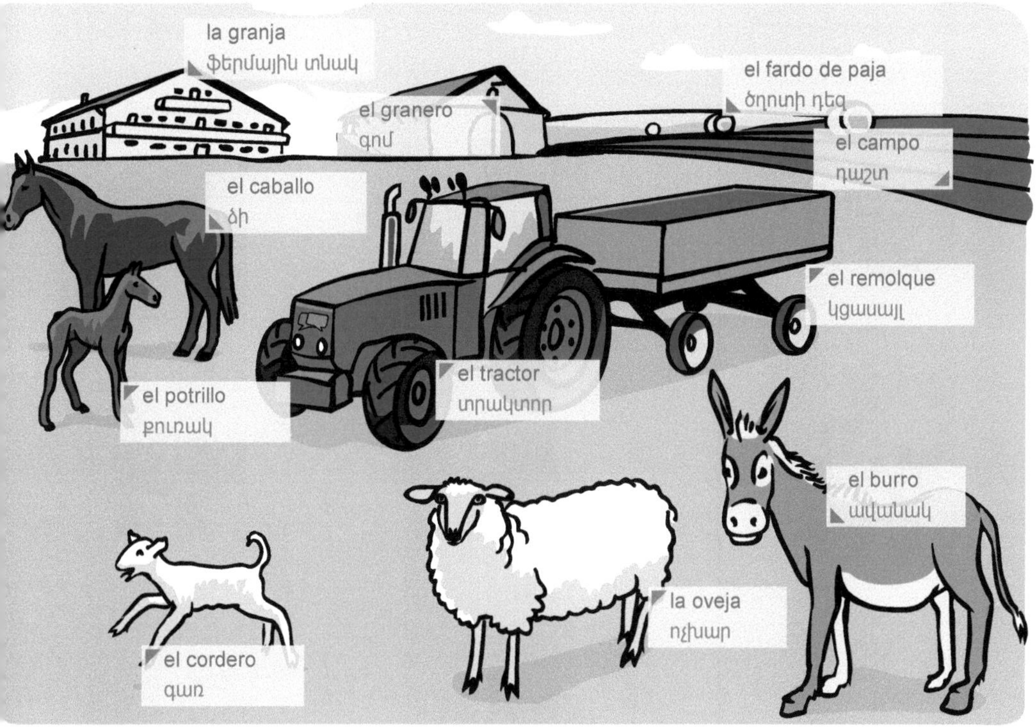
la granja
ֆերմային տնակ
el fardo de paja
ծղոտի դեզ
el granero
գոմ
el campo
դաշտ
el caballo
ձի
el remolque
կցասայլ
el tractor
տրակտոր
el potrillo
քուռակ
el burro
ավանակ
la oveja
ոչխար
el cordero
գառ

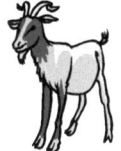

la cabra

այծ

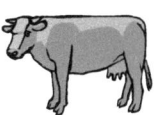

la vaca

կով

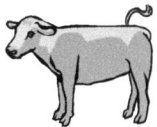

el ternero

հորթ

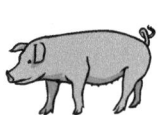

el cerdo

խոզ

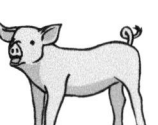

el lechón

խոճկոր

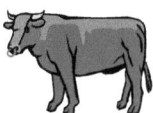

el toro

ցուլ

el ganso

սագ

el pato

բադ

el pollo

ճուտ

la gallina

հավ

el gallo

աքլոր

la rata

առնետ

el gato

կատու

el ratón

մուկ

el buey

ցուլ

el perro

շուն

la cucha

շան բուն

la manguera

այգու փողրակ

la regadera

watering կարող է

la guadaña

գերանդի

el arado

գութան

la hoz

մանգաղ

la azada

թիթոր

la horquilla

եղան

el hacha

կացին

la carretilla

միանիվ ձեռնասայլակ

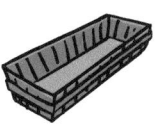

el abrevadero

կերակրատաշտ

la lechera

կաթի բիդոն

la bolsa

պարկ

la reja

ցանկապատ

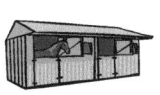

el establo

կայուն

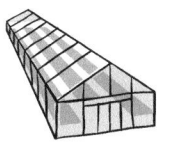

el invernadero

ջերմոց

el suelo

հող

la semilla

սերմ

el fertilizador

պարարտանյութ

la cosechadora

բերքահավաք կոմբայն

cosechar

բերք

la cosecha

բերք

las batatas

յամս

el trigo

ցորեն

la soja

սոյա

la papa

կարտոֆիլ

el maíz

եգիպտացորեն

la semilla de colza

rapeseed

el árbol frutal

մրգային ծառ

la mandioca

manioc

los cereales

շիլաներ

la casa
տուն

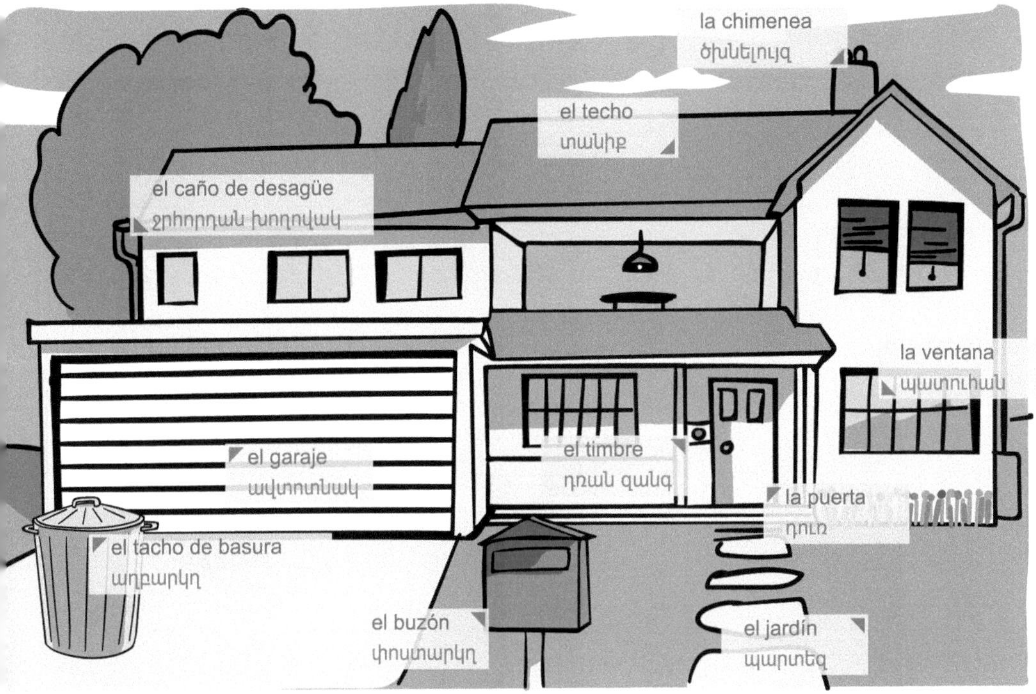

la chimenea
ծխնելույզ
el techo
տանիք
el caño de desagüe
ջրհորդան խողովակ
la ventana
պատուհան
el timbre
դռան զանգ
el garaje
ավտոտնակ
la puerta
դուռ
el tacho de basura
աղբարկղ
el buzón
փոստարկղ
el jardín
պարտեզ

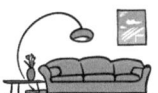

el living

հյուրասենյակ

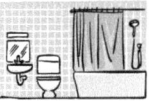

el baño

լողասենյակ

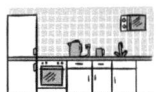

la cocina

խոհանոց

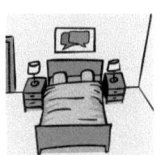

el dormitorio

ննջարան

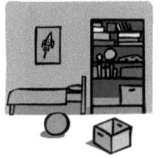

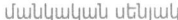

el cuarto de los chicos

մանկական սենյակ

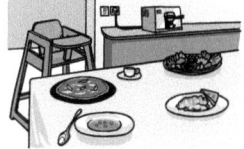

el comedor

ճաշասենյակ

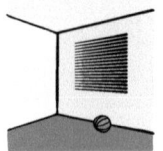

el piso

հարկ

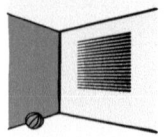

la pared

պատ

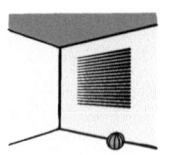

el cielorraso

առաստաղ

el sótano

նկուղ

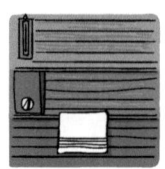

el sauna

շոգեբաղնիք

el balcón

պատշգամբ

la terraza

պատշգամբ

la pileta

ավազան

la cortadora de pasto

խոտհնձիչ

la sábana

թերթ

el acolchado

անկողնու ծածկոց

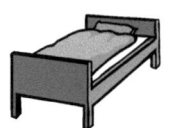

la cama

մահճակալ

la escoba

ավել

el balde

դույլ

el interruptor

անջատիչ

el living

հյուրասենյակ

el empapelado
պաստառ
la imagen
նկար
la lámpara
լամպ
el estante
դարակ
el armario
բուֆետ
la televisión
հեռուստացույց
la chimenea
բուխարի
la flor
ծաղիկ
el almohadón
բարձ
el sofá
բազմոց
el florero
սկահակ
el control remoto
հեռակառավարման վահանակ

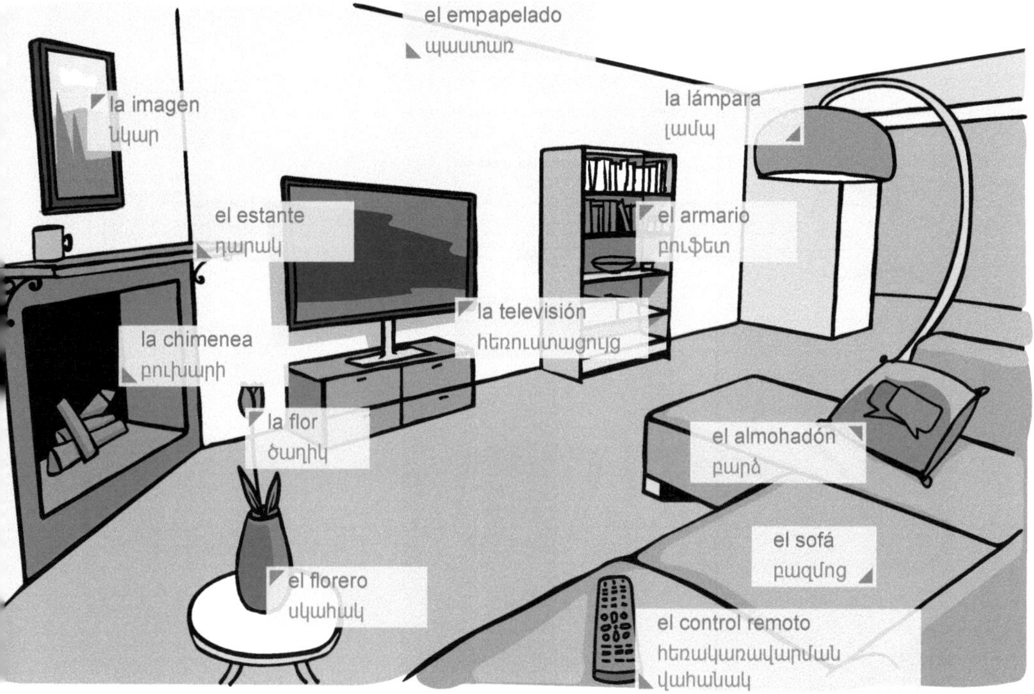

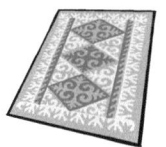

la alfombra

գորգ

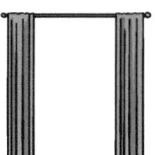

la cortina

վարագույր

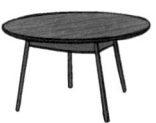

la mesa

սեղան

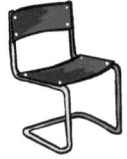

la silla

աթոռ

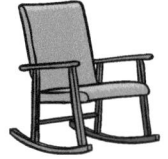

la mecedora

ճոճվող բազկաթոռ

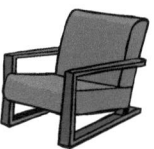

el sillón

բազկաթոռ

el libro

գիրք

la frazada

վերմակ

la decoración

զարդարանք

la leña

վառելափայտ

la película

ֆիլմ

el equipo de música

hi-fi

la llave

բանալի

el diario

թերթ

la pintura

նկար

el póster

պլակատ

la radio

ռադիո

el cuaderno

տետր

la aspiradora

փոշեկուլ

el cactus

կակտուս

la vela

մոմ

la cocina
խոհանոց

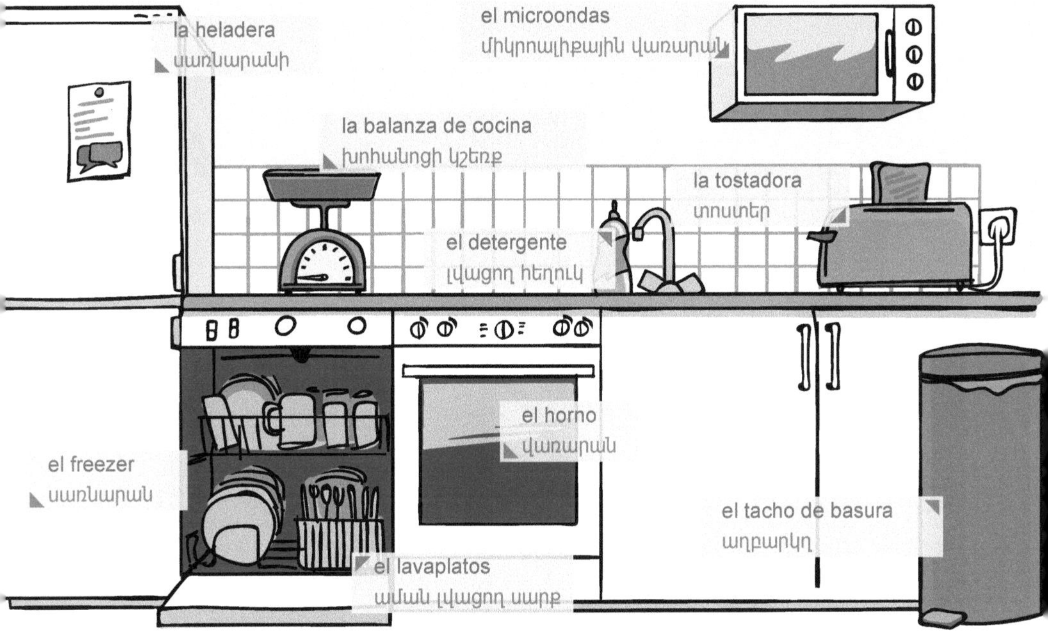

la heladera
սառնարանի
el microondas
միկրոալիքային վառարան
la balanza de cocina
խոհանոցի կշեռք
la tostadora
տոստեր
el detergente
լվացող հեղուկ
el horno
վառարան
el freezer
սառնարան
el tacho de basura
աղբարկղ
el lavaplatos
աման լվացող սարք

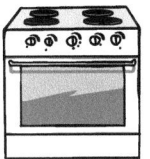

la cocina
....
կաթսա

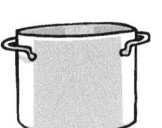

la olla
....
կճուճ

la olla de hierro fundido
....
թուջե աման

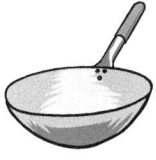

el wok
....
wok / kadai

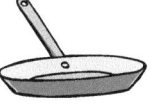

la sartén
....
թավա

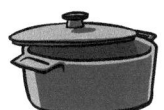

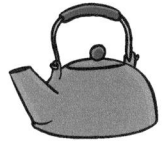

la pava
....
թեյնիկ

la vaporera

շոգե</u>նավ

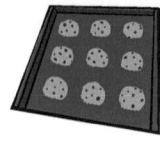

la bandeja de horno

ջեռոցի սկուտեղ

la vajilla

ամանեղեն

la taza

բաժակ

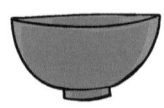

el bol

խորը աման

los palitos

փայտիկներ

el cucharón

շերեփ

la espátula

խոհանոցային բահիկ

la batidora

հարել

el colador

քամիչ

el colador

մաղ

el rallador

քերիչ

el mortero

հավանգ

la parrilla

խորոված

la fogata

բաց կրակի

la tabla de picar

տախտակ

el palo de amasar

գրտնակ

el sacacorchos

խցանահան

la lata

բանկա

el abrelatas

բացիչ

la manopla

խոհանոցային բռնիչ

la pileta

լվացարան

el cepillo

խոզանակ

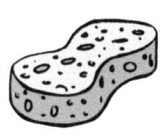

la esponja

սպունգ

la batidora

բլենդեր

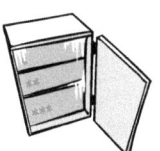

el congelador

սառնարան

la mamadera

մանկական շիշ

la canilla

թակել

el baño

լողասենյակ

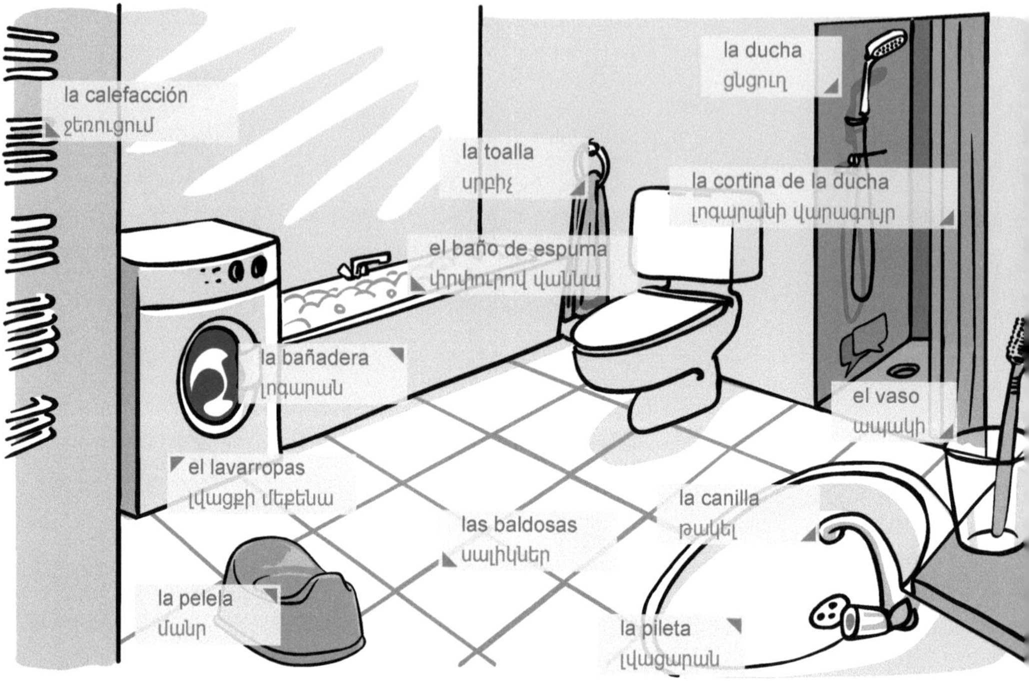

la calefacción
ջեռուցում
la toalla
սրբիչ
la ducha
ցնցուղ
la cortina de la ducha
լոգարանի վարագույր
el baño de espuma
փրփուրով վաննա
la bañadera
լոգարան
el vaso
ապակի
el lavarropas
լվացքի մեքենա
la canilla
թակել
las baldosas
սալիկներ
la pelela
մանր
la pileta
լվացարան

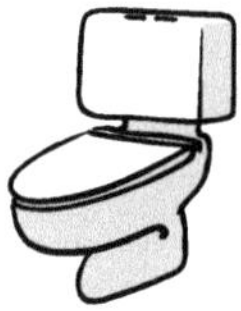
el inodoro
զուգարան

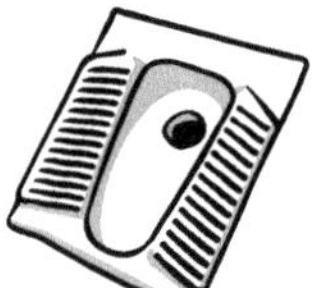
la letrina
կզելը զուգարան

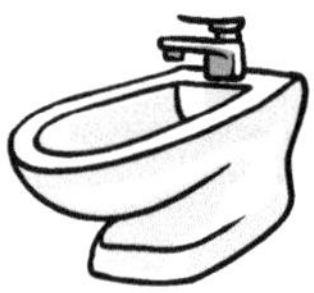
el bidé
բիդե

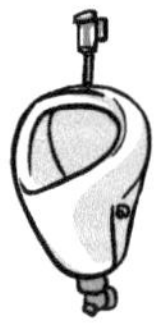
el mingitorio
pissoir

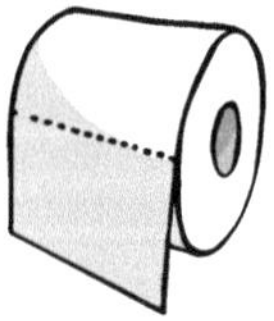
el papel higiénico
զուգարանի թուղթ

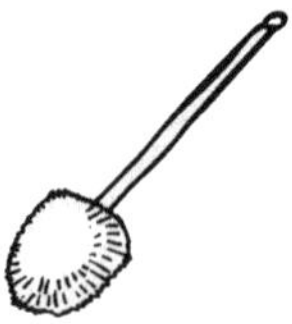
el cepillo para el inodoro
զուգարանի խոզանակ

el cepillo de dientes

ատամի խոզանակ

el dentífrico

ատամի քսուք

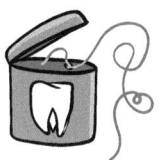

el hilo dental

ատամի թել

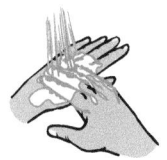

lavar

լվանալ

la ducha de mano

ձեռքի ցնցուղ

la ducha higiénica

ցնցուղ

la palangana

ավազան

el cepillo para la espalda

մեջքի խոզանակ

el jabón

օճառ

el gel de ducha

լոգանքի գել

el shampoo

շամպուն

la toallita

ճիլոպ

el desagüe

հատականցք

la crema

կրեմ

el desodorante

դեզոդորանտ

el baño - լոդասենյակ

el espejo

հայելի

el espejito

ձեռքի հայելի

la maquinita de afeitar

սափրիչ

la espuma de afeitar

Սափրվելու փրփուր

el aftershave

սափրվելուց հետո քսվող լոսյոն

el peine

սանր

el cepillo

խոզանակ

el secador de pelo

Մազերի չորացուցիչ

el spray

մազի լաք

el maquillaje

դիմահարդարում

el lápiz de labios

շրթաներկ

el esmalte para uñas

եղունգների լաք

el algodón

բամբակ

la tijera para uñas

եղունգների մկրատ

el perfume

օծանելիք

el portacosméticos

դիմահարդարման պայուսակ

la banqueta

աթոռակ

la balanza

կշեռք

la bata

լոգանալու խալաթ

los guantes de goma

ռետինե ձեռնոցներ

el tampón

տամպոն

la toallita femenina

սանիտարական սրբիչ

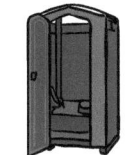

el baño químico

քիմիական զուգարան

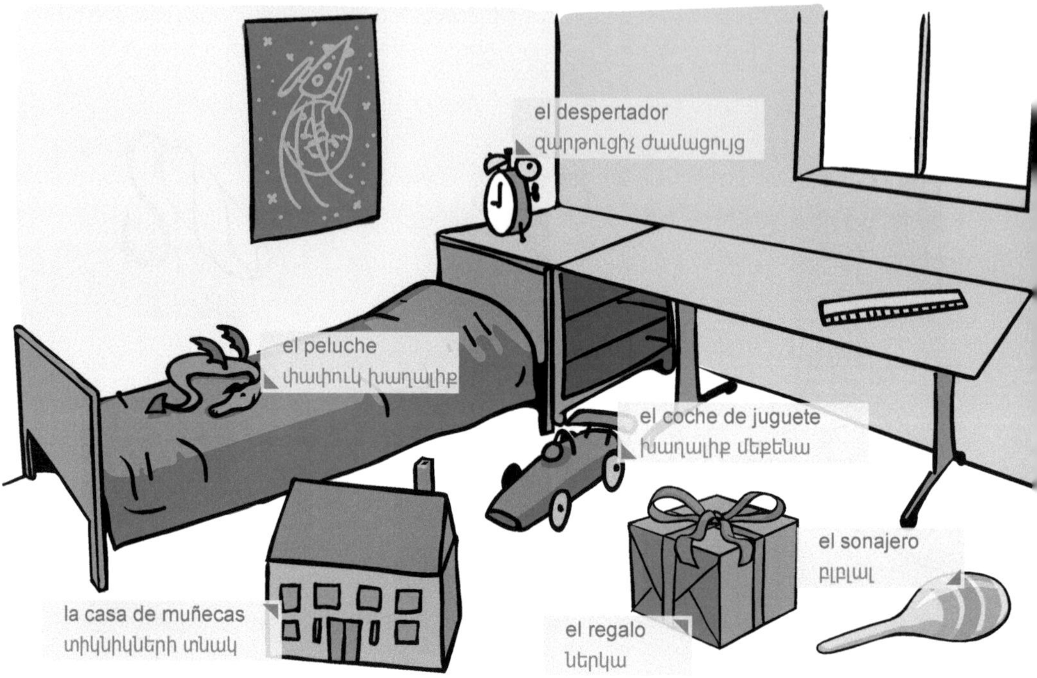

el despertador
զարթուցիչ ժամացույց

el peluche
փափուկ խաղալիք

el coche de juguete
խաղալիք մեքենա

el sonajero
բլբլալ

la casa de muñecas
տիկնիկների տնակ

el regalo
նեrկա

el globo

el globo

փուչիկ

la cama

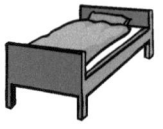

la cama

մահճակալ

el cochecito

el cochecito

մանկական սայլակ

las cartas

las cartas

խաղաթղթեր

el rompecabezas

el rompecabezas

խճապատկեր

la historieta

la historieta

կոմիքս

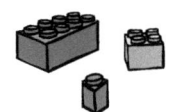

las piezas de lego

Լեգո կուբիկներ

los ladrillos de juguete

կառուցողական
խաղալիքներ

la figura de acción

ակցիան գործիչ

el enterito (de bebé)

մանկական բոդի

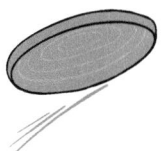

el frisbee

Frisbee

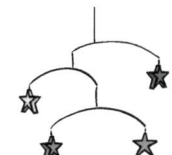

el móvil para bebés

շարժական

el juego de mesa

խաղատախտակ

los dados

զառախաղ

el tren eléctrico

գնացքների կազմ

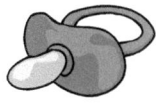

el chupete

ծծակ

la fiesta

կուսակցություն

el libro de cuentos ilustrado

մանկական
պատկերազարդ գիրք

la pelota

գնդակ

la muñeca

տիկնիկ

jugar

խաղալ

el arenero

ավազե խաղահրապարակի

la hamaca

ճիճմ

los juguetes

խաղալիքներ

la consola de videojuegos

վիդեո խաղ մխիթարել

el triciclo

եռանիվ հեծանիվ

el osito de peluche

խաղալիք արջուկ

el armario

պահարան

la ropa

հագուստ

las medias

կիսագուլպա

las medias panty

գուլպա

las calzas

զուգագուլպա

la bufanda
շարֆ

el paraguas
հովանոց

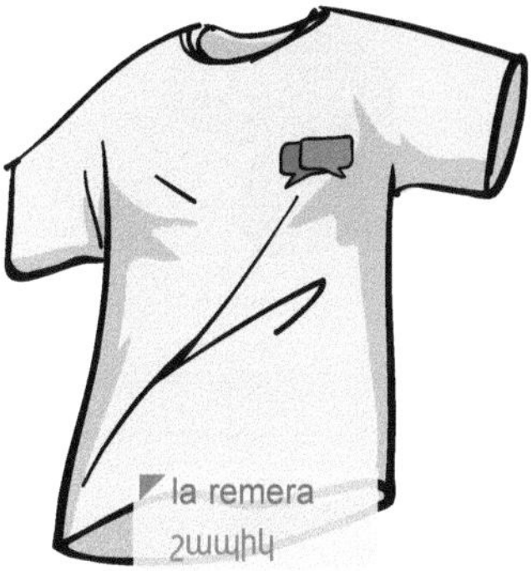

la remera
շապիկ

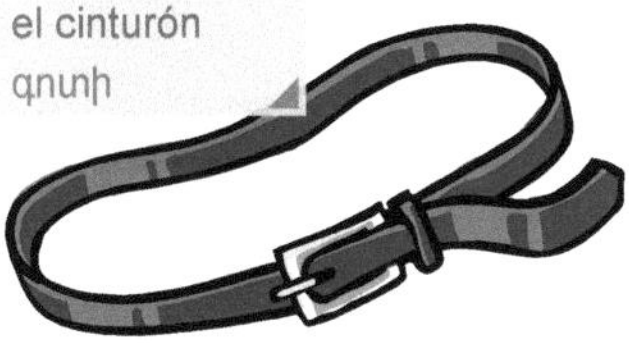

el cinturón
գոտի

las botas
կոշիկ

las pantuflas
հողաթափեր

las zapatillas
սպորտային կոշիկներ

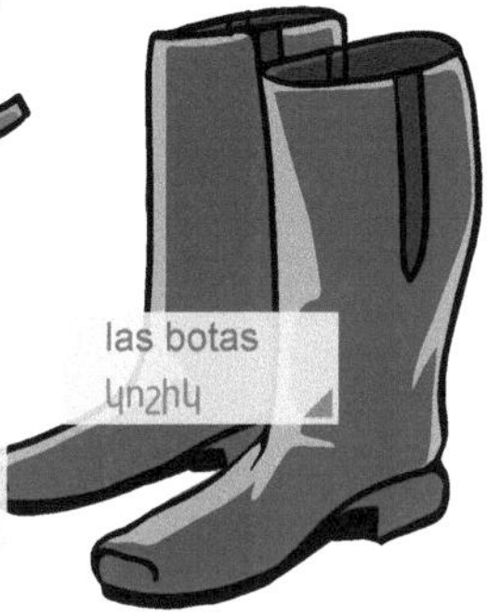

 las sandalias
սանդալներ

 los zapatos
կոշիկ

 las botas de goma
ռետինե կոշիկներ

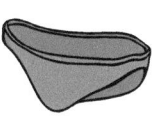 la ropa interior
վարտիք

 el corpiño
կրծկալ

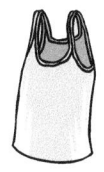 el chaleco
մայկա

el body

մարմին

los pantalones

անդրավարտիք

los jeans

ջինս

la pollera

կիսաշրջազգեստ

la blusa

բլուզ

la camisa

վերնաշապիկ

el pulóver

պուլովեր

el buzo

սպորտային կուրտկա

el blazer

պիջակ

la campera

կուրտկա

el tapado

վերարկու

el piloto

անձրևանոց

el traje

կանացի կոստյում

el vestido

զգեստ

el vestido de novia

հարսանյաց զգեստ

el traje

տղամարդու կոստյում

el camisón

գիշերանոց

el pijama

պիժամա

el sari

Սարի

el pañuelo para la cabeza

գլխաշորն

el turbante

չալմա

la burka

չադրա

el caftán

արևելյան խալաթ

la abaya

հաստ վերարկու

el traje de baño

կանացի լողազգեստ

el short de baño

տղամարդու լողազգեստ

los shorts

շորտ

el jogging

սպորտային համազգեստ

el delantal

գոգնոց

los guantes

ձեռնոցներ

el botón

կոճակ

los anteojos

ակնոց

la pulsera

ապարանջան

el collar

վզնոց

el anillo

մատանի

el aro

ականջող

la gorra

գլխարկ

la percha

կախիչ

el sombrero

գլխարկ

la corbata

փողկապ

el cierre

շղթա

el casco

սաղավարտ

los tiradores

տաբատակալ

el uniforme escolar

դպրոցական համազգեստ

el uniforme

համազգեստ

el babero

մանկական գոգնոց

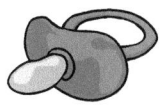

el chupete

ծծակ

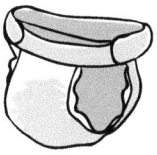

el pañal

մանկական տակդիր

la oficina

գրասենյակ

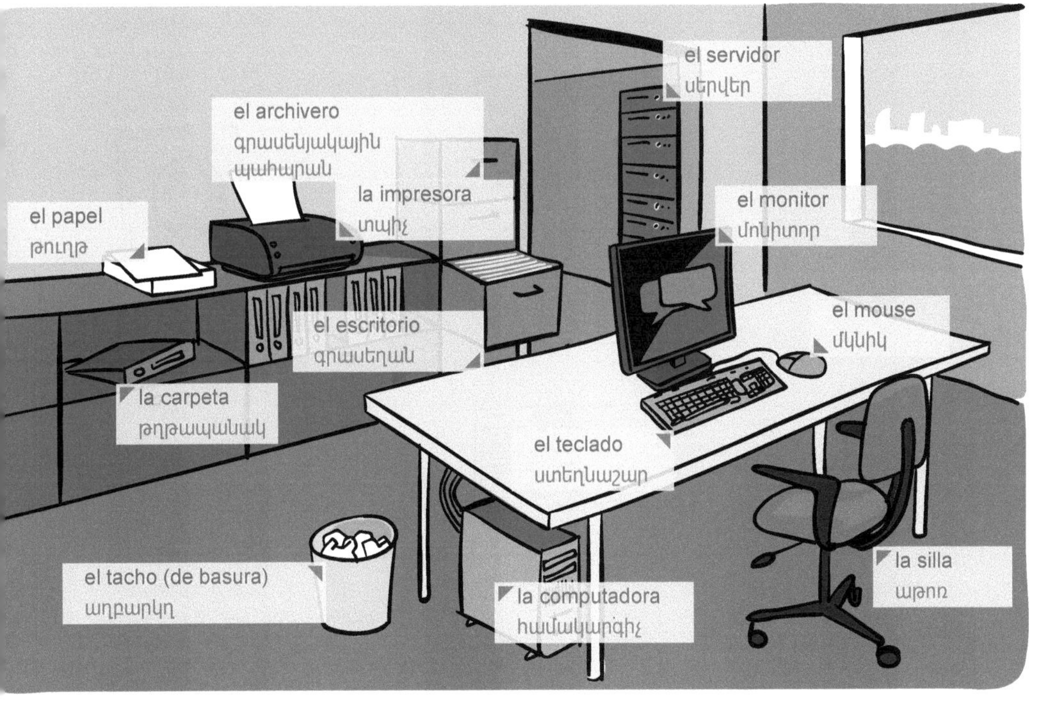

el servidor
սերվեր

el archivero
գրասենյակային
պահարան

la impresora
տպիչ

el papel
թուղթ

el monitor
մոնիտոր

el escritorio
գրասեղան

el mouse
մկնիկ

la carpeta
թղթապանակ

el teclado
ստեղնաշար

el tacho (de basura)
աղբարկղ

la silla
աթոռ

la computadora
համակարգիչ

la taza de café

սուրճի գավաթ

la calculadora

հաշվիչ

el internet

ինտերնետ

la laptop

laptop

la carta

նամակ

el mensaje

հաղորդագրություն

el celular

բջջային հեռախոս

la red

ցանց

la fotocopiadora

պատճենահանման սարք

el software

ծրագրային ապահովում

el teléfono

հեռախոս

el tomacorriente

վարդակ

el fax

ֆաքսի մեքենա

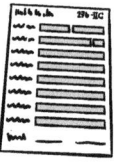

el formulario

տեսակ

el documento

փաստաթուղթ

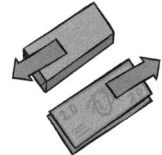

comprar

գնել

pagar

վճարել

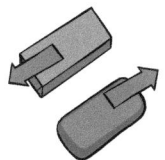

hacer negocios

առևտրի

el dinero

փող

el dólar

դոլար

el euro

եվրո

el yen

իեն

el rublo

ռուբլի

el franco suizo

շվեյցարական ֆրանկ

el yuan

յուան

la rupia

ռուպի

el cajero automático

բանկոմատ

la casa de cambio

փոխանակման կետ

el oro

ոսկի

la plata

արծաթ

el petróleo

նավթ

la energía

Էներգիա

el precio

գին

el contrato

պայմանագիր

el impuesto

հարկ

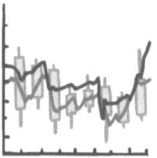

la acción

ակցիաներ

trabajar

աշխատանք

el empleado

ծառայող

el empleador

գործատուն

la fábrica

գործարան

el negocio

խանութ

las ocupaciones

մասնագիտություն

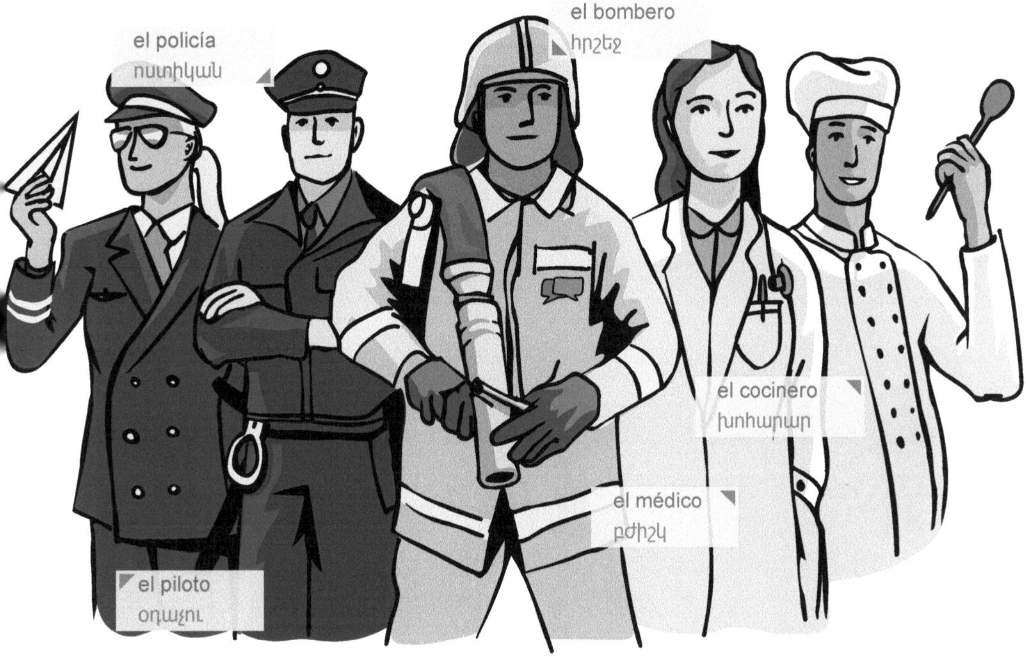
el policía
ոստիկան
el bombero
հրշեջ
el cocinero
խոհարար
el médico
բժիշկ
el piloto
օդաչու

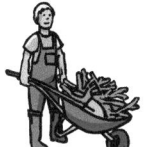

el jardinero

այգեպան

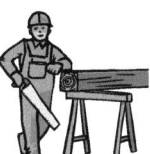

el carpintero

ատաղձագործ

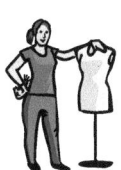

la modista

դերձակուհի

el juez

դատավոր

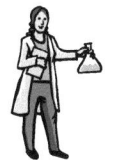

el farmacéutico

քիմիկոս

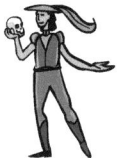

el actor

դերասան

el colectivero

ավտոբուսի վարորդ

el taxista

տաքսու վարորդ

el pescador

ձկնորս

la mucama

հավաքարար

el techista

տանիքագործ

el mozo

մատուցող

el cazador

որսորդ

el pintor

նկարիչ

el panadero

հացթուխ

el electricista

Էլեկտրատեխնիկ

el albañil

շինարար

el ingeniero

ինժեներ

el carnicero

մսագործ

el plomero

ջրմուղագործ

el cartero

փոստարար

el soldado

զինվոր

el arquitecto

ճարտարապետ

el cajero

գանձապահ

el florista

ծաղկավաճառ

el peluquero

վարսավիր

el cobrador

տոմսավաճառ

el mecánico

մեխանիկ

el capitán

կապիտան

el dentista

ատամնաբույժ

el científico

գիտնական

el rabino

ռաբբի

el imán

Իմամ

el monje

կուսակրոն

el sacerdote

հոգևորական

las herramientas
գործիքներ

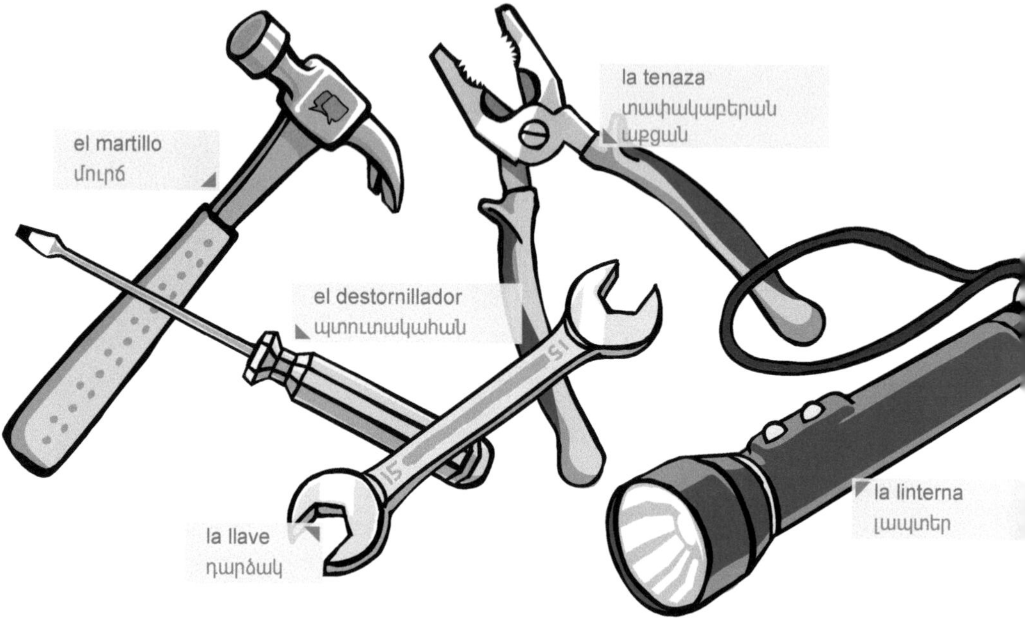
el martillo
մուրճ
la tenaza
տափակաքերան
աքցան
el destornillador
պտուտակահան
la llave
դարձակ
la linterna
լապտեր

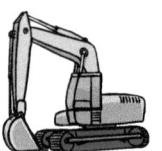

la excavadora

էքսկավատոր

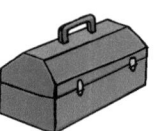

la caja de herramientas

գործիքների տուփ

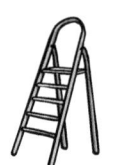

la escalera portátil

սանդուղք

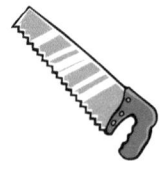

la sierra

սղոց

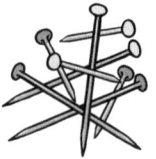

los clavos

մեխեր

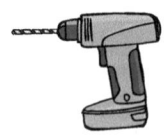

el taladro

գայլիկոն

arreglar

նորոգում

la pala de jardín

բահ

¡Qué bronca!

գրողը տանի

la pala de plástico

գզգաթիակ

el tacho de pintura

ներկաման

los tornillos

պտուտակներ

los instrumentos musicales

երաժշտական գործիքներ

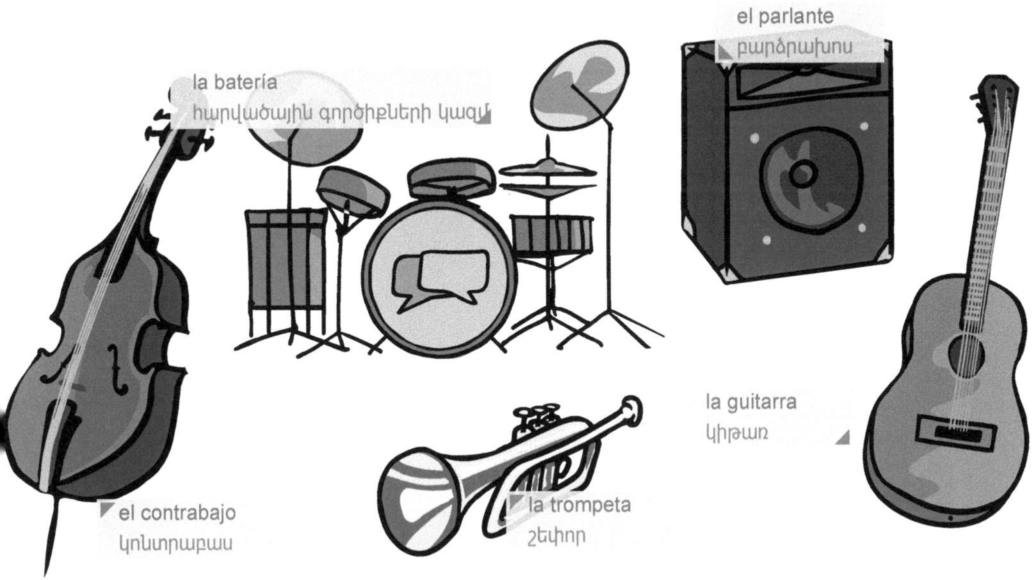

el parlante

բարձրախոս

la batería

հարվածային գործիքների կազմ

la guitarra

կիթառ

el contrabajo

կոնտրաբաս

la trompeta

շեփոր

el piano

դաշնամուր

el violín

ջութակ

el bajo

բաս

los timbales

թմբուկներ

el tambor

հարվածային գործիքներ

el teclado

ստեղնաշար

el saxofón

սաքսոֆոն

la flauta

ֆլեյտա

el micrófono

միկրոֆոն

el zoológico

կենդանաբանական այգի

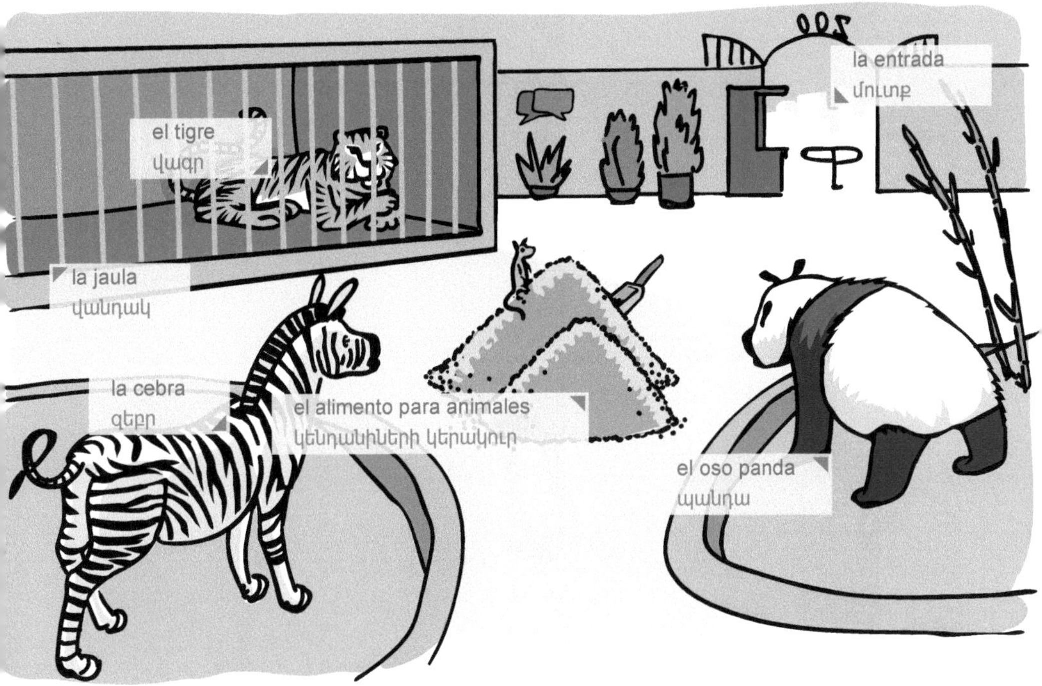
la entrada
մուտք
el tigre
վագր
la jaula
վանդակ
la cebra
զեբր
el alimento para animales
կենդանիների կերակուր
el oso panda
պանդա

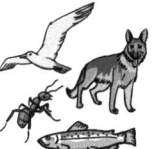

los animales

կենդանիներ

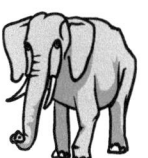

el elefante

փիղ

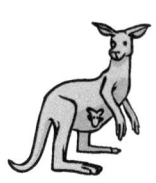

el canguro

կենգուրու

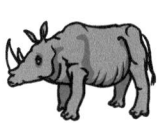

el rinoceronte

ռնգեղջյուր

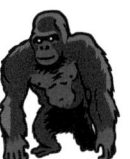

el gorila

գորիլա

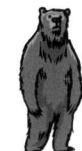

el oso

գորշ արջ

el camello

ուղտ

el avestruz

ջայլամ

el león

առյուծ

el mono

կապիկ

el flamenco

ֆլամինգո

el loro

թութակ

el oso polar

բևեռային արջ

el pingüino

պինգվին

el tiburón

շնաձուկ

el pavo real

սիրամարգ

la serpiente

օձ

el cocodrilo

կոկորդիլոս

el cuidador del zoológico

կենդանաբանական այգու
աշխատող

la foca

փոկ

el jaguar

յագուար

el poni

պոնի

el leopardo

ընձառյուծ

el hipopótamo

գետաձի

la jirafa

ընձուղտ

el águila

արծիվ

el jabalí

վարազ

el pescado

ձուկ

la tortuga

կրիա

la morsa

ծովացուլ

el zorro

աղվես

la gacela

վիթ

el fútbol americano
ամերիկյան ֆուտբոլ

el ciclismo
հեծանվավազք

el tenis
թենիս

el básquet
բասկետբոլ

la natación
լող

el boxeo
բռնցքամարտ

el hockey sobre hielo
հոկեյ

el fútbol
ֆուտբոլ

el bádminton
բադմինտոն

el atletismo
աթլետիկա

el handball
ձեռքի գնդակ

el esquí
դահուկային սպորտ

el polo
պոլո

reír
ծիծաղել

saltar
ցատկել

abrazar
գրկել

caminar
քայլել

cantar
երգել

soñar
երազել

rezar
աղոթել

besar
համբուրել

escribir	dibujar	mostrar
գրել	նկարել	ցույց տալ

presionar	dar	tomar
հրել	տալ	վերցնել

tener

ունենալ

hacer

դեպի

ser

լինել

estar parado

կանգնել

correr

վազել

tirar

քաշել

tirar

նետել

caer

ընկնել

estar acostado

ստել

esperar

սպասել

llevar

կրել

estar sentado

նստել

vestirse

հագնվել

dormir

քնել

despertar

արթնանալ

mirar

նայել

llorar

լացել

acariciar

շոյել

peinar

սանրվել

hablar

խոսել

entender

հասկանալ

preguntar

հարցնել

escuchar

լսել

beber

խմել

comer

ուտել

ordenar

հարդարվել

amar

սիրել

cocinar

խոհարար

manejar

քշել

volar

թռչել

navegar

լողալ

calcular

հաշվել

leer

կարդալ

aprender

սովորել

trabajar

աշխատանք

casarse

ամուսնանալ

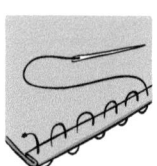

coser

կարել

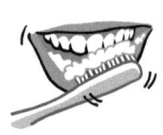

cepillarse los dientes

ատամները լվանալ

matar

սպանել

fumar

ծուխ

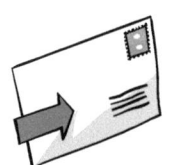

enviar

ուղարկել

la familia
ընտանիք

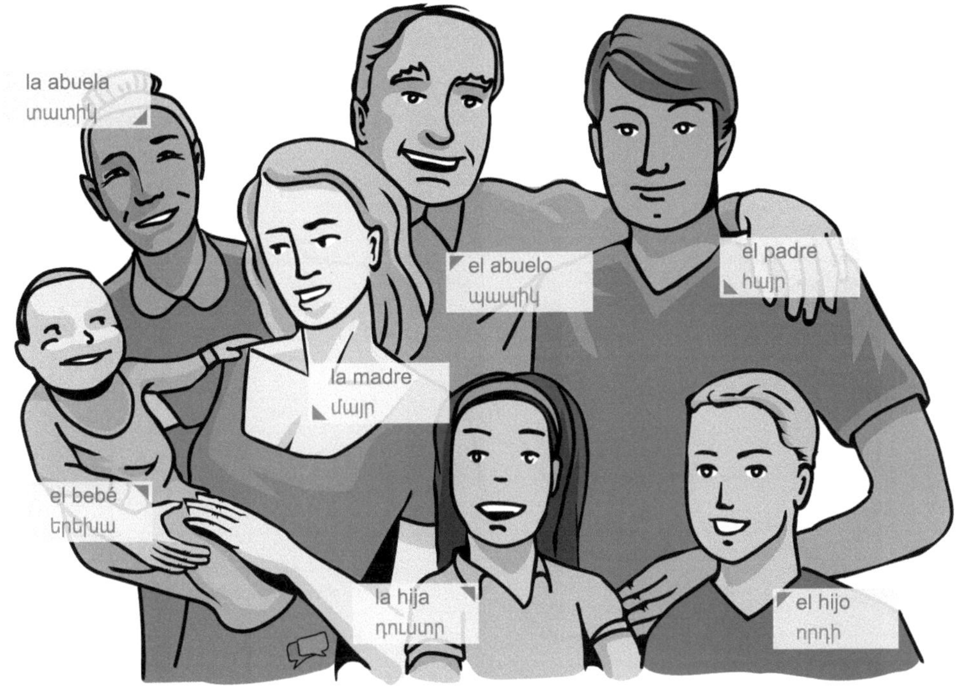
la abuela
տատիկ
el abuelo
պապիկ
el padre
հայր
la madre
մայր
el bebé
երեխա
la hija
դուստր
el hijo
որդի

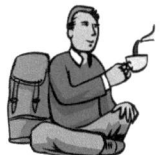

el invitado
hյուր

la tía
hորաքույր

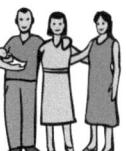

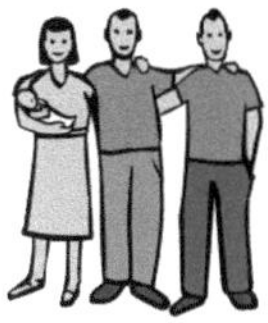

el tío
hորեղբայր

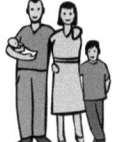

el hermano
եղբայր

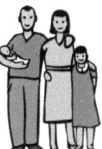

la hermana
քույր

el cuerpo

մարմին

la frente
ճակատ
el ojo
աչք
el hombro
ուս
el dedo
մատ
la cara
դեմք
la pera
կզակ
la mano
ձեռք
el pecho
կուրծք
la pierna
ոտք
el brazo
թև

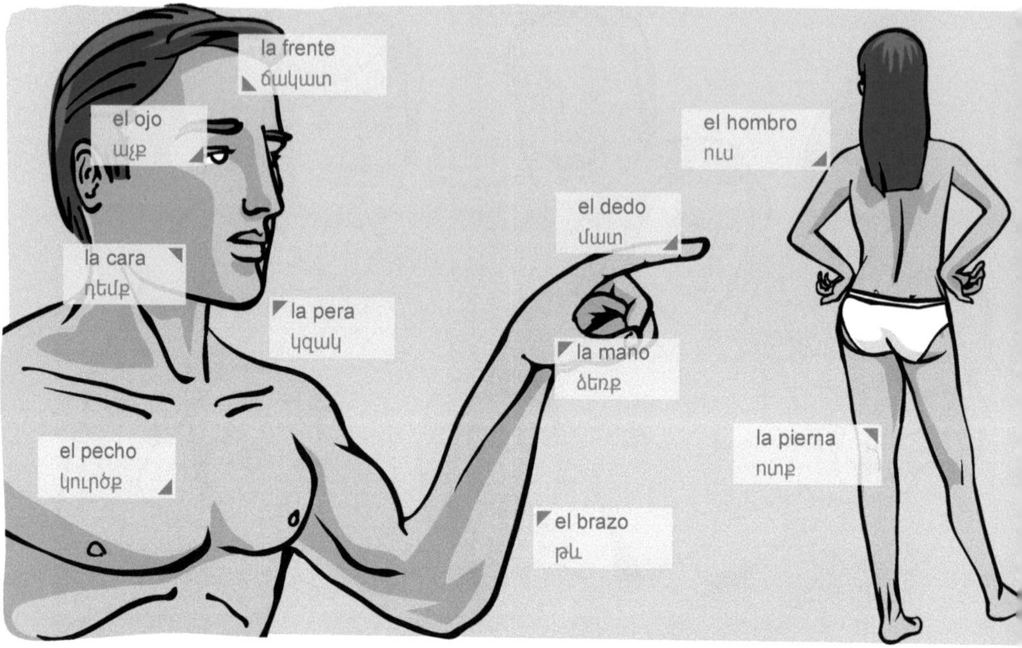

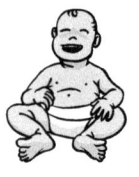

el bebé

երեխա

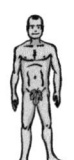

el hombre

մարդ

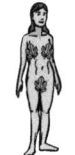

la mujer

կին

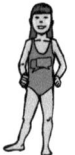

la nena

աղջիկ

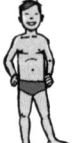

el nene

տղա

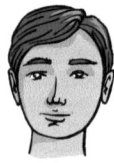

la cabeza

գլուխ

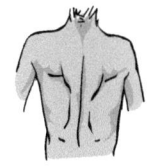

la espalda

մեջք

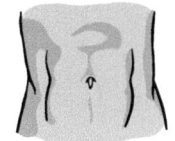

la panza

փոր

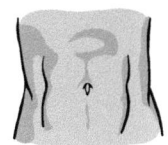

el ombligo

պորտ

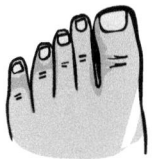

el dedo del pie

ոտնամատ

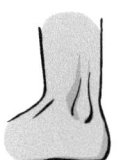

el talón

կրունկ

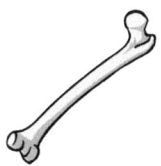

el hueso

ոսկոր

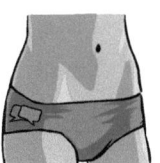

la cadera

ազդր

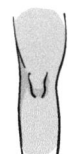

la rodilla

ծունկ

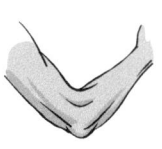

el codo

արմունկ

la nariz

քիթ

la cola

հետույք

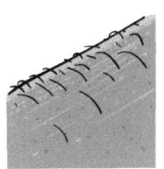

la piel

մաշկ

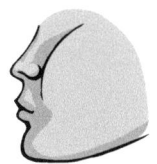

el cachete

այտ

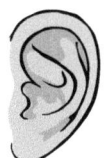

la oreja

ականջ

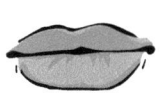

el labio

շրթունք

la boca

բերան

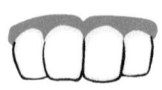

el diente

ատամ

la lengua

լեզու

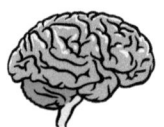

el cerebro

ուղեղ

el corazón

սիրտ

el músculo

մկան

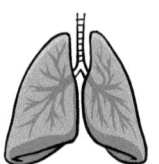

el pulmón

թոք

el hígado

լյարդ

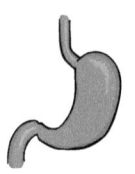

el estómago

ստամոքս

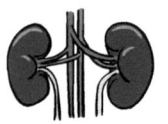

los riñones

երիկամներ

el sexo

սեքս

el preservativo

պահպանակներ

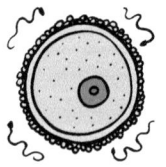

el óvulo

ձվաբջիջ

el semen

Սեմյոն

el embarazo

հղիություն

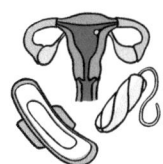

la menstruación

դաշտան

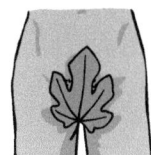

la vagina

հեշտոց

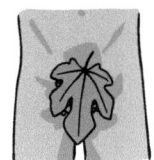

el pene

առնանդամ

la ceja

հոնք

el pelo

մազ

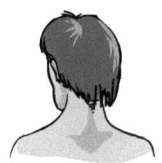

el cuello

պարանոց

el hospital
հիվանդանոց

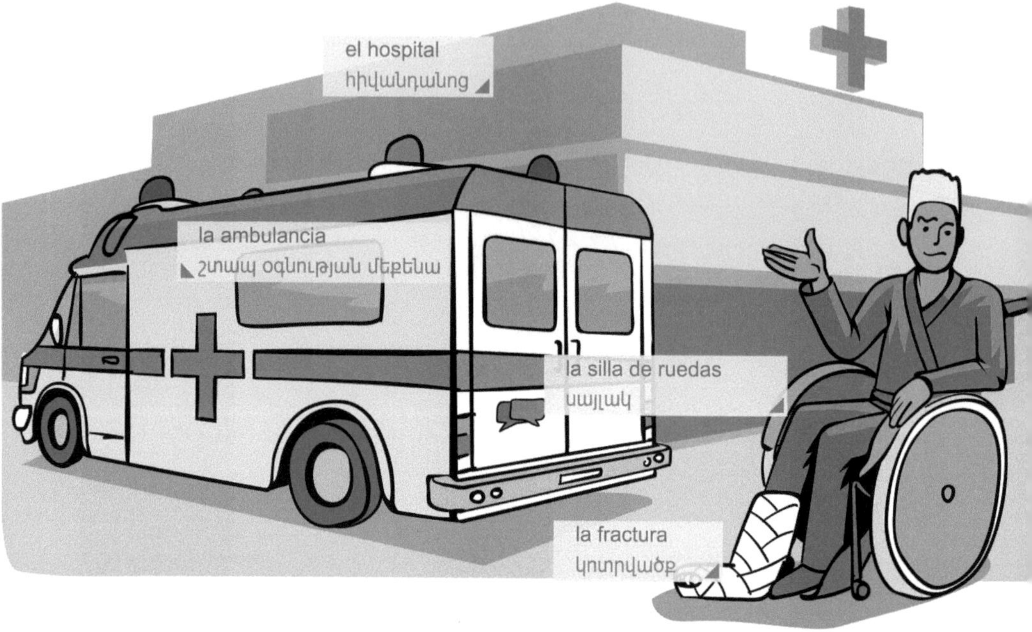

el hospital
հիվանդանոց
la ambulancia
շտապ օգնության մեքենա
la silla de ruedas
սայլակ
la fractura
կոտրվածք

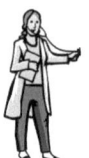

el médico

բժիշկ

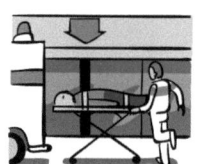

la sala de guardia

շտապ օգնության սենյակ

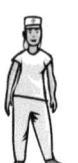

la enfermera

բուժքույր

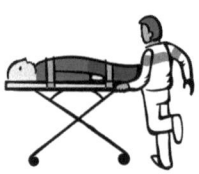

la emergencia

շտապ օգնություն

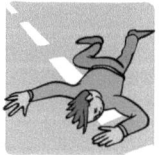

inconsciente

անգիտակից

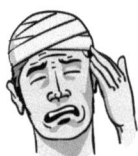

el dolor

ցավ

la lesión

վնասվածք

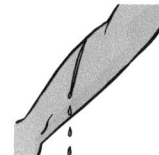

la hemorragia

արյունահոսություն

el infarto

սրտի կաթված

el ACV

կաթված

la alergia

ալերգիա

la tos

հազ

la fiebre

տենդ

la gripe

գրիպ

la diarrea

փորլուծություն

el dolor de cabeza

գլխացավ

el cáncer

քաղցկեղ

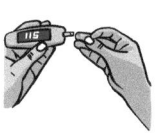

la diabetes

դիաբետ

el cirujano

վիրաբույժ

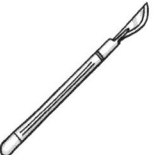

el bisturí

վիրադանակ

la operación

վիրահատություն

la TC

CT

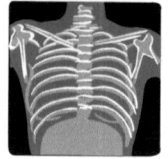

los rayos x

ռենտգեն

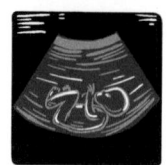

la ecografía

ուլտրաձայնային

el barbijo

դեմքի դիմակ

la enfermedad

հիվանդություն

la sala de espera

սպասարահ

la muleta

հենակ

la curita

սպեղանի

la venda

վիրակապ

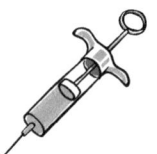

la inyección

ներարկում

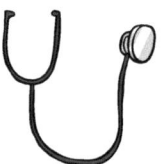

el estetoscopio

լսափողակ

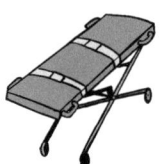

la camilla

պատգարակ

el termómetro

ջերմաչափ

el nacimiento

ծնունդ

el sobrepeso

ավելաքաշ

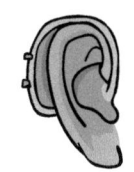

el audífono

լսելով օգնության

el desinfectante

ախտահանիչ

la infección

վարակ

el virus

վիրուս

el VIH / SIDA

ՄԻԱՎ / ՁԻԱՀ

el remedio

դեղորայք

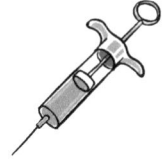

la vacunación

պատվաստում

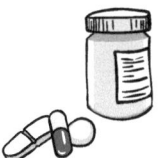

los comprimidos

հաբեր

la pastilla anticonceptiva

հաբ

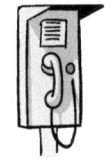

la llamada de emergencia

ահազանգ

el tensiómetro

արյան ճնշման չափիչ սարք

enfermo / sano

հիվանդ / առողջ

¡Ayuda!

Oգնություն!

la alarma

տագնապի ազդանշան

la agresión

հարձակում

el ataque

հարձակում

el peligro

վտանգ

la salida de emergencia

վթարային ելք

¡Fuego!

Հրդեհ

el matafuego

կրակմարիչ

el accidente

վթար

el botiquín de primeros auxilios

առաջին օգնության դեղարկղ

el SOS

SOS

la policía

ոստիկանություն

Europa

Եվրոպա

América del Norte

Հյուսիսային Ամերիկա

América del Sur

Հարավային Ամերիկա

África

Աֆրիկա

Asia

Ասիա

Australia

Ավստրալիա

el Atlántico

Ատլանտյան օվկիանոս

el Pacífico

Խաղաղ օվկիանոս

el Océano Índico

Հնդկական օվկիանոս

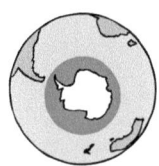

el Océano Antártico

Հարավային Սառուցյալ
օվկիանոս

el Océano Ártico

Հյուսիսային Սառուցյալ
օվկիանոս

el polo norte

հյուսիսային բևեռ

el polo sur

հարավային բևեռ

la Antártida

Անտարկտիդա

la Tierra

երկիր

la tierra

ցամաք

el mar

ծով

la isla

կղզի

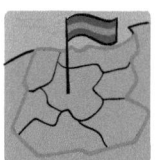

la nación

ազգ

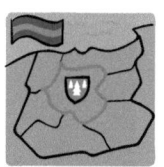

el estado

պետական

la esfera

թվատախտակ

la manecilla de las horas

ժամի սլաք

el minutero

րոպեի սլաք

el segundero

վայրկյանի սլաք

¿Qué hora es?

Ժամը քանիսն է?

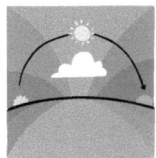

el día

օր

la hora

այսպիսով

ahora

այժմ

el reloj digital

թվային ժամացույց

el minuto

րոպե

la hora

ժամ

la semana

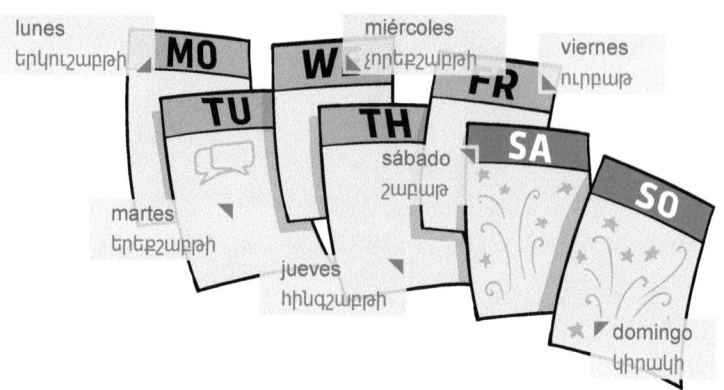

lunes
երկուշաբթի

miércoles
չորեքշաբթի

viernes
ուրբաթ

martes
երեքշաբթի

jueves
հինգշաբթի

sábado
շաբաթ

domingo
կիրակի

ayer

այսօր

hoy

այսօր

mañana

վաղը

la mañana

առավոտ

el mediodía

կեսօր

la tarde

երեկո

los días hábiles

աշխատանքային օրեր

el fin de semana

շաբաթվա վերջ

la lluvia
անձրև

el arco iris
ծիածան

el viento
քամի

la nieve
ձյուն

la primavera
գարուն

el otoño
աշուն

el verano
ամառ

el invierno
ձմեռ

4.APRIL	11°	☀
5.APRIL	4°	☁
6.APRIL	13°	🌧
7.APRIL	8°	☀
8.APRIL	10°	☀

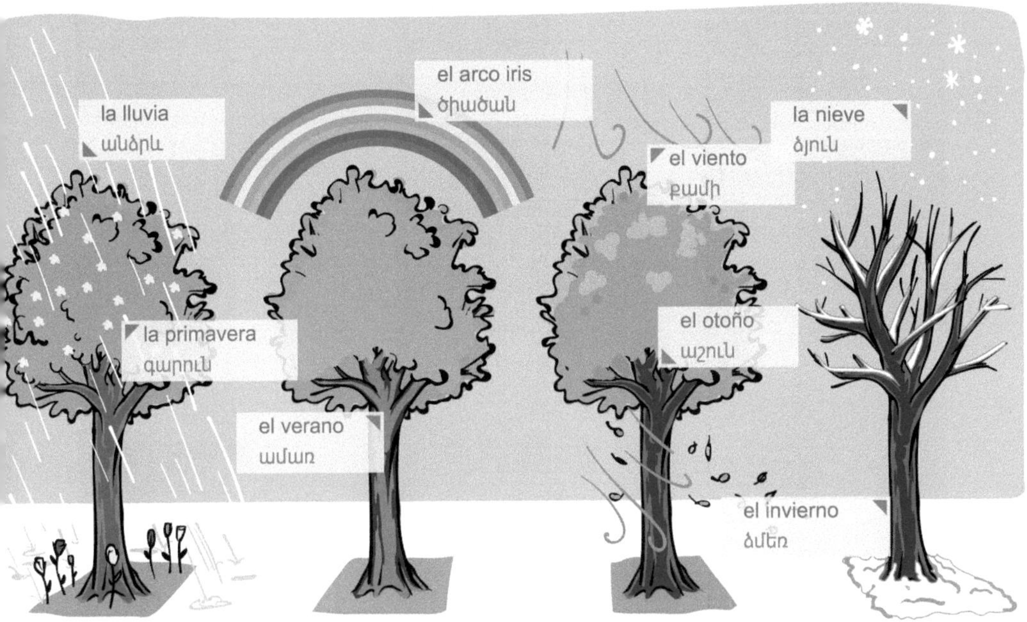

el pronóstico meteorológico

եղանակի տեսություն

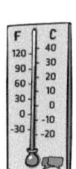

el termómetro

ջերմաչափ

la luz del sol

արևի լույս

la nube

ամպ

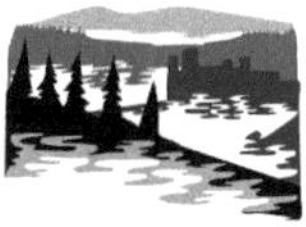

la niebla

մառախուղ

la humedad

խոնավություն

el rayo

կայծակ

el trueno

որոտ

la tormenta

փոթորիկ

el granizo

կարկուտ

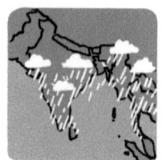

el monzón

մուսոն

la inundación

ջրհեղեղ

el hielo

սառույց

enero

հունվար

febrero

փետրվար

marzo

մարտ

abril

ապրիլ

mayo

մայիս

junio

հունիս

julio

հուլիս

agosto

օգոստոս

el año - տարի

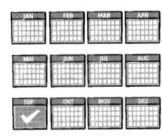

septiembre

սեպտեմբեր

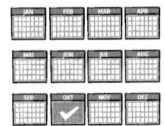

octubre

հոկտեմբեր

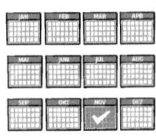

noviembre

նոյեմբեր

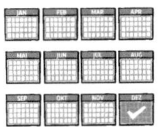

diciembre

դեկտեմբեր

las formas

ձևավորում

el círculo

շրջան

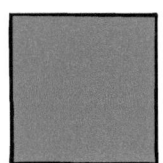

el cuadrado

քառակուսի

el rectángulo

ուղղանկյունի

el triángulo

եռանկյունի

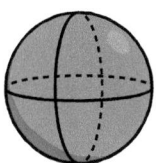

la esfera

ասպարեզ

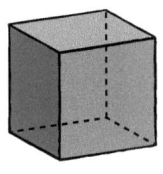

el cubo

խորանարդ

blanco

վարդագույն

amarillo

մոխրագույն

naranja

դեղին

rosa

մանուշակագույն

rojo

կարմիր

violeta

շագանակագույն

azul

կապույտ

verde

սև

marrón

նարնջագույն

gris

սպիտակ

negro

կանաչ

mucho / poco

շատ / քիչ

enojado / tranquilo

բարկացած / հանգիստ

lindo / feo

գեղեցիկ / տգեղ

el principio / el fin

սկսած / վերջը

grande / chico

մեծ / փոքր

claro / oscuro

պայծառ / մութ

el hermano / la hermana

եղբայրը / քույրը

limpio / sucio

մաքուր / կեղտոտ

completo / incompleto

ամբողջական / թերի

el día / la noche

օր / գիշեր

muerto / vivo

մեռած / կենդանի

ancho / angosto

լայն / նեղ

comestible / no comestible

....

ուտելի / անուտելի

malo / amable

չար / բարի

entusiasmado / aburrido

հուզված / ձանձրացել

gordo / flaco

....

հաստ / բարակ

primero / último

....

առաջին / վերջին

el amigo / el enemigo

....

ընկերը / թշնամին

lleno / vacío

....

լիքը / դատարկ

duro / blando

....

կոշտ / փափուկ

pesado / liviano

....

ծանր / թեթև

el hambre / la sed

....

քաղց / ծարավ

enfermo / sano

....

հիվանդ / առողջ

ilegal / legal

....

անօրինական է /
իրավաբանական

inteligente / estúpido

Խելացի / հիմարություն

izquierda / derecha

....

ձախ / աջ

cerca / lejos

....

մոտիկ / հեռու

nuevo / usado

Նոր / օգտագործվում

nada / algo

ոչինչ / ինչ - որ բան

viejo / joven

ծեր / երիտասարդ

encendido / apagado

միացնում անջատում

abierto / cerrado

բաց / փակ

silencioso / ruidoso

ցածր / բարձր

rico / pobre

հարուստ / աղքատ

correcto / incorrecto

ճիշտ / սխալ

áspero / suave

անհարթ / հարթ

triste / contento

տխուր / ուրախ

corto / largo

կարճ / երկար

lento / rápido

դանդաղ / արագ

mojado / seco

թաց / չոր

caliente / frío

տաք / թույն

guerra / paz

պատերազմ /
խաղաղությունը

0

cero

զրո

1

uno

մեկ

2

dos

երկու

3

tres

երեք

4

cuatro

չորս

5

cinco

հինգ

6

seis

վեց

7

siete

յոթ

8

ocho

ութ

9

nueve

ինը

10

diez

տաս

11

once

տասնմեկ

12

doce

տասներկու

13

trece

տասներեք

14

catorce

տասնչորս

15

quince

տասնհինգ

16

dieciséis

տասնվեց

17

diecisiete

տասնյոթ

18

dieciocho

տասնութ

19

diecinueve

տասնինը

20

veinte

քսան

100

cien

հարյուր

1.000

mil

հազար

1.000.000

el millón

միլիոն

los números - թվեր

el inglés

անգլերեն

el inglés americano

ամերիկյան անգլերեն

el chino mandarín

չինարեն մանդարին

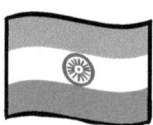

el hindi

հինդի

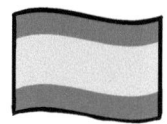

el español

իսպաներեն

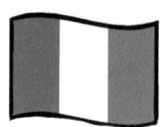

el francés

ֆրանսերեն

el árabe

արաբերեն

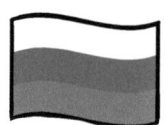

el ruso

ռուսերեն

el portugués

պորտուգալերեն

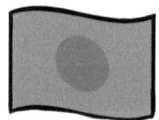

el bengalí

բենգալերեն

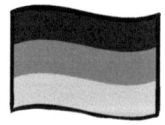

el alemán

գերմաներեն

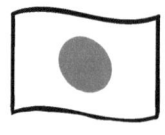

el japonés

ճապոներեն

yo

Ես

vos

դուք

él / ella

Նա / Նա /, որ դա

nosotros

մենք

ustedes

դուք

ellos

նրանք

¿quién?

Ով է?

¿qué?

ինչ?

¿cómo?

ինչպես?

¿dónde?

որտեղ.

¿cuándo?

երբ?

el nombre

անուն

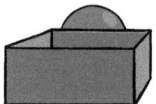

detrás

ետևում

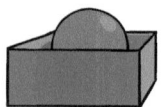

en

մեջ

adelante de

դիմաց

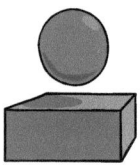

por encima de

վրա

sobre

վրա

debajo de

տակ

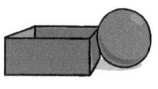

al lado de

կողքին

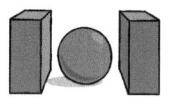

entre

միջև

el lugar

տեղ